给你一个团队你能怎么管

赵伟◎著

百万册纪念增订版

台海出版社

图书在版编目（CIP）数据

给你一个团队你能怎么管 / 赵伟著． -- 北京：台海出版社，2020.1
　　ISBN 978-7-5168-2488-7

Ⅰ．①给… Ⅱ．①赵… Ⅲ．①企业管理－团队管理 Ⅳ．① F272.9

中国版本图书馆 CIP 数据核字（2019）第 251171 号

给你一个团队你能怎么管
GEI NI YIGE TUANDUI NI NENG ZENME GUAN

著　　者　赵　伟

出 版 人　蔡　旭
责任编辑　武　波
版式设计　梁雅杰
装帧设计　王玉美

出　　版　台海出版社
地　　址　北京市东城区景山东街20号
邮　　编　100009
电　　话　010 － 64041652（发行、邮购）
传　　真　010 － 84045799（总编室）
网　　址　www.taimeng.org.cn/thcbs/default.htm
电子邮箱　thcbs@126.com

发　　行　全国各地新华书店
印　　刷　北京欣睿虹彩印刷有限公司

开　　本　710毫米×1000毫米　　1/16
字　　数　230千字
印　　张　17
版　　次　2020年1月第1版
印　　次　2020年1月第1次印刷

书　　号　ISBN 978-7-5168-2488-7
定　　价　46.50元

（版权所有　侵权必究　　印装问题　致电发行）

TEAM >>> 目 录

CHAPTER ONE >>> **凝聚力与执行力**

文化和信念需要"量身定制" / 002

内部沟通方式 / 009

统一的团队精神 / 016

完整的执行体系 / 023

CHAPTER TWO >>> **找到制度的基础**

"懒惰因子"下的进度量化和惩罚制度 / 038

个人责任与共同负责 / 045

效率——谨防时间"偷窃" / 051

你是管理者还是领导人 / 055

CHAPTER THREE >>> **道德的价值**

你是否具备这些魅力　/ 062

致命的领导错误　/ 071

扮好三角色：老师、兄长、朋友　/ 085

CHAPTER FOUR >>> **制衡与分享**

避免成员建立自己的小圈子　/ 092

"庸者"制约，"能人"重用　/ 100

不追求尽善尽美的平衡　/ 104

分享利益才能创造更多利益　/ 109

CHAPTER FIVE >>> **无为，坐在火山口**

团队不需要碌碌无为的领导人 / 116

放权的障碍因素 / 120

"授权"与"受权" / 126

CHAPTER SIX >>> **激励的方式**

了解并满足个人需求 / 132

如何激励整个团队 / 137

晋升的梯子爬不完 / 142

CHAPTER SEVEN >>> **提供晋升平台**

给他表现和晋升的机会 /148

"利用价值"决定分配机会 /153

有危机才有竞争 /156

CHAPTER EIGHT >>> **领导力**

好的领导人必须是造梦大师 /162

施一份宽容,恩泽万丈 /169

确立规则,抑恶扬善 /175

责任与权威和恩典必须共存 /180

CHAPTER NINE >>> 建立淘汰机制

末位淘汰法则 /186

平等对待就是抹杀杰出者的贡献 /191

别让"坏人"破坏团队气氛 /196

建立事件紧急处理体系 /202

CHAPTER TEN >>> 变革与创新力

变革与守旧的关系 /208

规避变革陷阱 /213

实现关键性成长 /222

CHAPTER >>> **管理的学问**
ELEVEN

学会管理别人，你就买到了成功的门票 /228

难的是让优秀人才为你所用 /235

管理小团队与大团队的区别 /240

分权——让优秀骨干替你管人 /246

建立共同愿景——这是持续成功的保障 /253

TEAM

CHAPTER ONE
凝聚力与执行力

>>> 文化和信念需要"量身定制"

>>> 内部的沟通方式

>>> 统一的团队精神

>>> 完整的执行体系

文化和信念需要"量身定制"

这几年随着中国经济的飞速发展,无数的新型公司如同雨后春笋般涌现,我回国内的次数也多了起来,有机会和不少新一代的年轻企业家深入交流。我们谈的最多的一个问题,就是本书中我们即要讲到的主题:怎么建设和管理好一支优秀的团队。

对公司这种以盈利为目标的商业化组织来说,虽说资金、业务、人才储备以及把握稍纵即逝的市场机会,这些必不可少的因素很重要,然而有许多人却倒在了其中的一环上。不过也有不少好的成长型公司因为对这些环节的高质量建设,从而突破瓶颈获得了巨大成功,像微软、苹果等世界级的公司,其实也都是这么过来的。然而,当你愿意付出足够的时间,深入研究这些巨头的发迹秘密时,你一定会渐渐推翻之前那些潜藏在你内心深处的牢不可破的笼统认知——你会逐渐意识到团队管理在其中所发挥的不可超越的、居于第一位的重要作用。

在 CVS Caremark 的时候,有一次我去见公司的首席运营官托马斯·赖安时,他说他曾经遇到一个很棘手的问题:一名年轻的行政助理因为不满总部的休闲间设定了限入时段,威胁要马上辞职。也许你会说这是小事一桩,不就是一个没有经验的新晋员工吗,竟敢如此要挟一家世界级的企业,换在国内一些公司,我想他的结局一定是:卷铺盖走人。但对于第一章我们要专门介绍的凝聚力与执行力 CVS 公司来说,他们处理这件事的办法却与众不同,因为它说明公司的文化受到了员工的质疑。

结果是,经过简单而且严肃的商讨,他们作出了一个决定:宣布取消休闲间的限入时段,员工可以随时进入,无须顾忌其他。当然,作出这一决定的原因是,因为那名行政助理的要求合理,他认为在行政部门,员工的工作价值和强度并不具有普遍的相似性,那么又为何要用统一的时段来反映员工的身体和精神状态呢?

由于对公司文化的质疑和建议,这名叫作孟菲斯的员工获得了总裁的赞赏,并在不久后升任行政部门的助理特别主管。

很多企业家或部门管理者总认为,一支团队就是执行领导者意图的战略和战术工具。"假如这些人需要我给予特别的恩慈,让他们分享领导者的理想、快乐和目标,这么一来我会担心究竟谁才是公司的主人。"请不要惊讶,这是不少国内的企业家真实心声的写照。将员工当作自己的奴隶,而不是公司的主人,是一种隐藏在领导者内心深处的隐讳秘密。曾经有一位国内公司的总裁跟我讲:"员工最佳的定位是快乐的奴隶,我可以让他们快乐,但他们还是奴隶。"我听后感到很悲哀,这位总裁凭借雄厚的资金在山西从事矿产行业,发了大财,拥有的财富甚至超过了美国很多一流富豪,但他依然是一个不懂得企业管理的人。

由此不难看出,他们对于团队管理的理解是既肤浅又简单。我敢说,如果某一天他失去了自己的所有财产,你送他一群能力非凡的手下,他也无法东山再起。他只能靠着金钱和权势的力量为自己谋取一时的富贵,而不能做到像很多真正的团队领袖那样,在优秀和得力的下属辅助下,白手起家,上演王者复归的奇迹。

从威权管理的角度来看,有效的管理可以带来高效率,而且对于一支团队来说,最重要的是基于共同文化和信念确定的目标。不仅方向保持一致,并拥有同一种颜色的灵魂,是你可以成功带领团队实现伟大理想的基本前提。毫无疑问,几乎所有的管理者都想用最忠诚的文化和最强有力的信念武装自己的手下,可真正能够做到的优秀管理者并不多,这在国内尤其罕见。

一切都指向目标,就像车的终点站和巨轮的航向。20世纪80年代后期,

当我首次来到美国，开始承担一家公司的体系组建的艰巨任务时，我当时的老板对我强调的也是这两个字的意义："共同的目标就像迷人的鸦片，可以使团体为之疯狂，毫不犹豫地拜在你的指挥棒下，聚成一股强大的力量。一个合格的团队管理者必须拥有给手下画苹果的能力，目标就是苹果，它可以无法完成，但绝不能缺位。"

- **我对团队的理解、研究和实践，从那时就开始了。我认识到了目标对于一个群体的重要性，正如同一个国家、一个民族也要被灌输信念和复兴的计划才能迅速地腾飞一样。但是，目标不会从天空掉下来，而需要精心地寻找，需要做很多辛苦的准备工作。很多人只注意到前面的概念，却忽视了它实现的过程，这是他们失败的原因之一，而且是一个极为重要的原因**

形象地说，在为一支团队找到一个足以凝聚大部分人的向心力的目标之时，我们首要的步骤是画图，如同为一栋建筑作出一张精巧而坚固的设计图纸一般。

建起一栋大楼，需要做哪些工作呢？在这张图纸上，必须有一个科学的结构图，以保证这栋楼的所有位置都是安全的。在这个阶段，安全是第一位的，外形则是次要的。一栋不会倒塌的丑陋的大楼，远胜于承受不住三级地震的漂亮美观的时尚建筑。当你看到日本地震的新闻时便会发现这个不争的事实，当你着手为自己属下的一群人建立团队目标时，也会意识到这个问题。

目标的基础就是文化和信念，即既可以保证团队的安全，又能使一群为了共同目标奋斗的人不至于因为骤然的变故而分崩离析。六七年前，我在谷歌访问时，参观他们的总部，没有去关注硬件设施或者奢华先进而又舒适的办公环境，而是盯着见到的每一个谷歌员工，观察他们的细微表情。知道我发现了什么？不是紧张或投入的神情，而是他们脸上的幸福。

众所周知，谷歌一直被誉为动手者的天堂，这里的人还需要有一些数学能力，并深刻领会团队精神，学习与人合作。薪资从来不是谷歌最重要的工作条件，而是它独特的企业文化，以及独一无二的团队信仰，你可以说这就是一种创新，但它的核心是"平等互敬"。每个人都是这里最重要的一员。

这里的工作环境不是最好的，却可以让员工带着小孩和宠物去上班，还有足够的休闲娱乐室。"你可以随心所欲地装扮自己的办公桌。"接待人员告诉我，"你不必担心因为太另类而让上司皱眉，你也不用考虑明天穿什么衣服才不至于违反规定或让上司看着觉得不顺眼，因为谷歌就是你自己的家，你不用考虑任何人的感受，只要你没有打扰到他人。"所以，谷歌连续好几年被评为全世界"雇员最满意的公司"，在这里工作是很多人一生中最大的梦想。

这是最安全的团队，因为没有比谷歌公司更重视平等的公司了。在这里，你会吃惊地发现，这家公司甚至没有一个人有自己专门的办公室，就连他们的CEO也是如此。当谷歌的新CEO上任时，有一次曾经引发专门讨论，要不要给他一个隐秘空间，即独立的办公室。有人认为CEO怎能没有自己的办公室呢？但更多的人却坚称，给他专门的办公室就破坏了公司的规矩。结果是，一间小得不能再小的房间出现了，把他安顿在那里，并且尽量不让别人注意到。

结果，这件事成为谷歌的一次大事件，不少"好事者"来参观他的办公室，而且提出了一个请求：我希望和你共用这间办公室，虽然它确实很小。CEO回答说："没有问题！"

于是，两人开始共用这个狭小的空间，尽管那人只是一名普通员工。这让我们这些参观者大跌眼镜。

很显然，在这里没有人可以凌驾于他人之上，包括最高管理者。职位的不同，只能代表你做的事情不同，而公司每个人的意见，都会在这里得到最大程度的重视。这是全世界最好的团队文化。

从谷歌的管理理念中，我们就可以得到一个伟大的启示，让员工拥有幸福感的秘诀就是：赐予他们无比骄傲的团队荣誉感，为身在这个集体而自豪。他们能在这里实现最渴望实现的价值，能够通过这个平台得到人生的至高梦想。

你能给予他们吗？如果可以，你就是最棒的团队领袖！

品尚公司开始在上海涉足美容行业时，老板卢先生犯过一次致命错误。他把这些问题写到一张纸上，去纽约旅游的时候拿出来给我看。我们是在一次聚会上认识的，当他听说我正在国内的一家管理培训机构担任临时的培训讲师时，就通过朋友的介绍找到了我，并且报名参加了培训。

通过那张写得密密麻麻的A4纸，我发现，他为自己的公司铺设了最优越的工作环境，却仍然用粗犷的思维建设着自己的团队。问题如此简单，却难以纠正他的思维模式。如果你在街头见过开着车子、挥舞钞票招聘工人的建筑公司，就知道他信奉的管理模式是什么。"拿钱找人，替我办事。"卢先生在管理自己的公司时就是这么想的。不过，经过了前几个月的蜜月期，他隐约感受到了危机会一触即发，员工的那种积极性消失得无影无踪，懈怠充斥着公司上下，就连他最信任的得力干将们，也开始无精打采了。

"是薪水太少了吗？那我给他们加钱好了，每个人每月增加五百元。我让为我工作的人衣食无忧，得到优质的物质生活，OK？"

这是卢先生想到的第一个解决方案，他漠视了重要的问题：对于属下来说最具有持续号召力的是什么？缺乏凝聚力的品尚公司注定是一个没有荣誉感的团队。人们不知道工作是为了什么，除了钱。尽管收入节节上升，但是始终没有安全感。

业务经理小陈抱怨："公司明年的计划是什么？我不知道，我就像踩在云彩上，随着风乱飘，这不是我想要的工作。"后来卢先生告诉我，小陈过了没多久就辞职了。他的公司好不容易搭建的班子和体系，在这种频繁的人员变动之下，时常缺边少角，难以稳定下来。

的确，高薪不仅可以提升员工的生活质量，还能激发员工的工作激情，从而在短时间内大大地提高团队的效率。拿人钱财，替人消灾，在金钱的刺激下，员工的幸福感能在一定条件下得到暂时的满足，一时间让老板的幸福感和员工的幸福感可以同日而语，幸福得都能飞起来了，好像是一个堪称完美的互动和双赢过程，但这还远远不够。

团队的文化和信仰，如果只能依靠金钱来维系，就如同没有地基的大楼，盖得越高，危险就越大，早晚会轰然倒塌。我在谷歌参观时，感受最深的不是优裕的待遇，而是每一名谷歌的员工都可以看到老板或是其他同事的工作计划，这样，他既能知道公司既定的发展方向和目标，既可以提出建设性的意见，又能监督老板是否完成了目标。如此一来，不仅有利于员工明确公司的方向，更是年终时大家相互进行考评的重要依据。

说到这里，我们有两个问题要问：

○ 团队文化是什么？
○ 团队信念是什么？

你需要根据实际情况，认真研判本部门或者本公司过去和眼下的发展现状，从中找到它们存在的问题，并拿出切实可行的举措，还要能让员工心悦诚服。在此基础上，方可造就一个强大的团队，设计每个人都能接受的团队目标，还要与公司的利益完美地融合在一起。

当你要为自己的团队量身定制一种企业文化和公司信念时，就要尊重员工的不同个性、特点，以及他们在事业上最为热忱的追求，比如你不可能每天都热情不减地劝说一个心灰意冷的销售员："这个月你要完成三百万的业绩。"——当你明知他擅长的是坐在屏风办公室精确无误地处理财务问题时。我们也无法让一群充满奇思妙想的创意天才拜服在你的威权管理制度之下，你应该给他们最大的自由空间，采用灵活、宽松和高效的激励体系。

假如你的手下想做些自己顺手的工作，你却总让他们与自己诉求背道而驰，那么我们就可以说，你们两个人的共同目标是不一致的，当然也就谈不上形成高效团结的团队。

建立高效团队需要团队的管理者做好以下几个方面的工作：

1. 正视团队的现实问题

我们首先需要弄明白，当前正在发生什么，以及未来会如何发展；你的人是否达到了你最基本的要求，还有哪些问题是没有解决的；当前的瓶颈是什么，有没有被忽略的隐患和潜藏在繁荣背后的风险。当一名管理者看不清眼前的现实，总是忽略正在发生的事情、遗漏微小但却在逐渐扩大的蚁洞时，很难想象他能将一群人带上互利与共赢的良性发展之路。

2. 清楚地了解团队成员的不同想法

你拥有一千名哈姆雷特，对他们你很难做到知根知底，虽然他们在办公室的时候都表现得很规矩。可在这个世界上没几个人的想法是绝对相同的，尤其是在你（老板）面前。下属会向老板做最忠诚的和千篇一律的保证，事实也常常如此，每个老板都能在下属那里听到毫无异议的遵守命令的回应，可事实却经常是阳奉阴违。回答的声音越坚定，执行起来的效果就越不可预测。

知道他们在想什么，就可以精准地为他们准备有效的管理方案，这是构成团队凝聚力的基础。你还会因此获得他们的尊重，并收获他们最真诚的付出。

3. 明白自己作为管理者想要什么

我们应该随时问自己："我作为一名管理者，作为一个老板、一个部门干部，想要的到底是什么？"这个问题不仅管理者要去思考，对下属同样重要。一个团队需要一个基于共同文化和信念的目标，领导者同样有权利得到一个与团队利益相符的管理目标。身处一支团队，每个人都应确信自己的企盼是合理的，并能够迈出坚定的步伐，通过合作来实现。

4. 永远不要强扭一根长歪的瓜秧

我们不能强制一个人绝对服从团队的所有要求，假如这是他自己的责任，他应该立刻从你身边消失；但如果是管理者自己的责任，你就应该想到强扭瓜秧的后果是严重的。好的员工不可能通过强行培养和过度的思维轰炸训练出来。他需要和团队达成默契，只有这样自身的特点才能够恰如其分地融入其中。

由此，一个最有说服力的总结就是，对于员工，我们要用可以预知的前途与回报进行循序渐进的引导，而不是随便画一个苹果，换而言之做一份计划，强制他们去实现。要知道这可是建设和管理一支优秀团队的普遍性原则。

内部沟通方式

显然，不管什么时候，团队内部的顺畅沟通都是最为重要的，如同人体的血管组织，只有血液通畅无阻，营养方可四通八达，照顾到每一个细胞的需求，并传达大脑的每一道命令。作为管理者，你必须有足够的办法去应付手下千奇百怪的思维，同时还有他们无所不能的信息获知手段。

无论什么时刻，在怎样的情景下，你都应该明白，哪怕是再忠诚的员工，都会向你隐瞒一些重要的东西。假如你没有为这个团队建立一个通畅的沟通渠道，你将会一无所知，被隔离在这些内幕之墙的外面。时间久了，你就成了瞎子和聋子，坐在最关键的位置上，却对手下正干什么一点都不清楚。

○ 这些人是否执行了我的计划？——"执行力"是沟通的目标。

○ 他们的工作效率如何？彼此是否真的团结合作？——"协作性"是沟通的产品。

○ 有些人是在钩心斗角吗？——"团结度"是沟通的灵魂。

○ 谁在图谋我的位置？——"权力核"是沟通的基础。

瞎子和聋子类的部门老大，一定会耗用大量的时间来思考这些问题，有时还总想不通，心里纠结，犹如身在云里雾里怎么也走不出来。当这种上下隔离、信息不通的情况频繁出现时，何谈团队的共同目标？即便给你一个优质的团队，你也会茫然不知所措，空有领袖之表，实无强者之魂。

团队内部的沟通有四大原则，我在许多培训活动中都强调过它们。只要把握了这四大原则，你就是合格胜任的团队领袖。否则，就要考虑自己是不是真的适合目前的位置，或者竞争一个部门经理的想法是否正确。

● 第一原则：团队思维

总的来说，团队就像一个人的大脑，它的整体思维是统一的，在做某一个决策时，不存在多数战胜少数或少数超越多数的情况。这是最完美的境界，虽然执行起来绝非易事，但我们仍然可以看到，一些著名的世界级企业，它们在具体的沟通和决策中，总在尽可能地尊重每一个人的意见，以达成团队思想的统一。

谷歌在招聘时有一个很著名的环节，应聘的人必须经过四五名资深工程师的面试，最后大家开会决定是否录用，在这个过程中只要有一个人反对，应聘者就不能通过。李开复在参与招聘时亲身经历了一件事，有一个人几乎赢得了所有考官的青睐，但有一名考官却认为这名年轻人的身上有不符合公司文化的缺点，对于录用他持反对意见。

为此，大家争论了很长时间，尽管李开复本人非常欣赏这名年轻人，但他却并没有拍板说一定要录用他。大家讨论的结果是，让这位持反对意见的考官再去面试一次这位应聘者，专门就他所担心的缺点谈一次，看看他有没有将自己的那些缺点改掉的可能。

9个人同意，只有1个人反对，并不意味着少数就要服从多数。这就是团队思维在沟通中的作用。任何决策都将征求每一名团队成员的意见并最终经他同意，否则就不能得以执行。

十几年前，我刚成为公司的管理人员时，率领一个小部门的7名员工，兢兢业业地做事。有一次我打算采购两张办公桌，以缓解办公拥挤的状况。可问题是，我们的办公空间本身就很小，再加两张桌子，虽然解放了2名搭伙共用一桌的同事，但却压缩了另外5名员工的活动空间。

于是我决定开会商议，征求每个人的意见。员工A和员工B（需要独立办公桌的两个人）赞成我的决定，但另外的 5 个人既不说同意，也不表示反对，但却都在强调客观困难。员工 C 对我说："赵经理，我们这间屋子只有 20 平方米，坐了 7 个人，放了 5 张桌子，走路都要小心翼翼才不至于碰到别人的东西，再加两张桌子进来，我想就没办法出门了，只能从窗子跳出去。"他讲的确实是事实，在座的其他 4 人在点头。

达不成一致，5 个人战胜了 2 个人。为了不影响他们的工作情绪，我采取了一个折中方案，只购买一张办公桌，让 A 和 B 在一起办公。如此一来，A 和 B 还是挤在一起，问题没有得到根本解决，其他 5 个人反而从中受益，每个人都拥有了一张独立办公桌。我深知这是一项"过分"的决定，会一直伤害 A 和 B，并让其他人得到意外的惊喜。当然，这并不是我想要的结果，因为我知道事情会发生转变。

果然，刚过了一周，其他 5 人就一起来找我了，他们说："再多加一张桌子，也没什么，您看，只要这样摆放……走路和活动的空间就有了。"这 5 个人达成了统一，作出了让步，A 和 B 挤在一张桌子办公的问题迎刃而解。

为什么会出现这种情况呢？你可能会觉得，作为部门的主管，尽管会伤害到一些人的利益，但为了公平起见，某种决定也应强势作出——说一不二，不容置疑。显然，部门的一把手有这样的权力，可是，如果我们能让部门的所有人都自觉达成一致，全都主动要求贯彻你的决定，岂不是更好？这是团队内部沟通中非常重要的第一原则：通过强势的干预达成某种结果，并不是最佳选择，统一协调思维，共用一个大脑思考和决策，方可得到最优结果，哪怕反对者只是一个微足不道的人，也要以团队的关怀去理性说服，避免出现裂痕。

● **第二原则：团队语言**

什么叫作团队语言？通俗一点，在一支团队中，对人与人沟通的语言和方式，有着极为特殊的要求，就是说你在工作或部门环境中，沟通时要避免情绪化和个人中心主义，使用大家都理解及熟悉的语言。很多人都讨厌官话和套话，

但在许多时候,它们起到的作用恰恰最大,比个性飞扬的语言更能解决实际问题,特别当面对的是一些隐藏着矛盾和冲突的问题时。

下面是我亲身经历的一支团队沟通实例。有一次,我与某公司的三位负责人共进午餐,这是一家新成立的大型集团公司,很有实力。其中,胡女士与曹先生早就认识,而且关系非同一般;而那位日本人古井先生,他的中国话不好,所以主要以听为主,不怎么开口。

胡女士心直口快,性格活泼,外向而感性。她早年从事过外贸行业,在这家新公司任高管的时间不长,但是却与这家公司的老板曹先生是熟人,不存在沟通障碍,因此说起话来比较放松。

吃兴正佳,她对我说:"赵老师,像我这样的性格,如果与我在一起工作还不开心的话,那肯定不是我的问题。"言外之意,如果在工作中出现沟通问题,责任肯定是别人的。

我当然能够理解她,人们大都这样想,觉得与同事的沟通出了麻烦,责任一定不是自己的,都是对方不好,因为自己有着这样或那样的优点和苦衷,怎么能怪我呢?她的这个认知实在不妥,尤其是作为高管。如果你是这个团队中的一员,你会怎么想?"哦,照您这么说,那我们这个团队出现了问题,都是我们的责任,与你无关喽?!"谁都不会淡定的。所以,她的话刚说完,曹先生与古井先生当时脸上就有些挂不住了。当然,他们没有说出来,只是有些尴尬。

过了一会儿,我打破了沉默:"胡女士,您有这样的想法,我可以理解。可要更客观一点地看团队沟通和协作问题的话,我觉得还是有一点问题的,想与您分享交流。"

胡女士说:"赵老师,您请讲。"这时曹先生和古井先生也都专注地倾听着,看我怎么说她。他们肯定觉得我一定会大放厥词,将胡女士好好训导一番。

我并没有借机"教育"胡女士,而是告诉了她自己的思考,也就是团队沟通的第二原则:不管你想表达什么样的观点,都要用团队其他成员所能接受的语言,不能唯我独尊,锋芒毕露,伸出刀子来就想扎人。团队中的人,性格各异,利益牵涉不清，不可能永远没有冲突或矛盾，各怀心事是一定的。但这不意味着你要把责任讲到明面上、放到台前来，不是他死就是你亡，而应以团队化的沟通方式进行解决，照顾每个人的感受。

锋芒毕露，个性独显，责任外推，结果只能是你被孤立，不会有人买你的账，哪怕你在这家公司有很强大的背景，结局也不会太好。

几个人都表示认同我的观点。在团队沟通中，说话时过分地"自以为是"是一个人最大的绊脚石。不但妨碍了这个人自身的进步，使他看不清自身的问题，不能扬长避短，而且还限制了团队现在及将来的协作与发展。团队的管理者如果在这方面犯错，那就叫作"刚愎自用"，说话不注意，伤人伤己；不使用一种大家都遵守的团队语言，和气平等地沟通，这个团队基本就完蛋了。

我们经常可以看到，一些讲话做事特立独行的强势领导者，虽然暂时可以带领一个团队获得优良的业绩，但是时间往往不长，就会遇到瓶颈，使得自己的手下呈鸟兽状散去。这样的管理者，常可以育人，却留不住人，空为他人作嫁衣。

● 第三原则：团队文化即团队logo

不管是优秀的还是糟糕的团队，都会存在明显的独属于它的logo：一种类似于产品商标的团队符号。不管是工作方式、目标，还是在沟通中的表现，它都像一部经典电影的片头标志，醒目闪亮。

用管理学专家、我的朋友威廉·史密斯的话来说，团队logo近似于人的脸谱，亦是一个团队之所以不同于其他组织的DNA密码，这里有多数成员和谐共融的团队文化，绞杀并融合另类。

在团队logo较为突出的部门或公司环境中工作的少数另类成员，他们的遭遇一般会比较"悲惨"。不能适应和融入团队文化，就会被排斥在团队的边缘。哈佛大学著名教授坎特曾经在她的书中专门提到这个问题，并以O代表那些少数成员，而多数成员则用X表示。

在那本书中，她写道：

O与X的共同点在于他们在同一个地点工作。除此之外，他们扮演的角色就与一般人有很大区别，O看上去那么与众不同，只因为与X相比，他们的数量实在是少得可怜。如果你曾经感到自己与周围的人不同，不管出于什么原因——性别、种族、年龄、宗教、语言或职业专长——你就会明白我在说什么了。

此类的团队情景到处都是，残酷的现实让人们很难回避和无视。我在微软公司见过那个唯一会说中文的人，他所在部门的同事只要碰到与中文有关的问题就去找他，只要是与中国员工有关的问题就来向他讨主意，乃至于销售到中国去的产品出了问题也来找他请教。好像他是该部门的中国问题专家，但实际上，这个员工告诉我，他感受到的并非是尊重，而是大家对他在某种意义上的排挤，英语文化对中国人的边缘化。

我在总结这一现象时，用到了一个词：脸谱。团队脸谱是一张白人的脸，这个中国人要么将自己染白，要么离开。因为他们讲的笑话你听不懂，许多场合你会被故意冷落，以显示与他们的不同。重大决策时，你甭想让主管用征求他们的意见时的态度向你投来期待的目光，除非是有关"中国"的问题。这一切都表明，你和他们不是一个团队文化的受益者，在这里，你与其他成员的沟通不论是主动还是被动的，你都很特殊，孤立无援。

当一个人在团队中处于这种位置时，他的沟通就遇到了麻烦。作为管理者不能轻易忽视这种现象——如果你无视这一现象，团队早晚会出现裂痕。在同一团队"脸谱"下的平等交流，建设使每一类成员受益的团队文化，是合格管理者的责任。

● **第四原则：团队协调**

在团队框架内的利益协调机制，无论是对一家公司还是对一个部门而言都是极为重要的。沟通无疑是最为重要的工具，任何一个成员，做好自己能做到的，并在自己的事做完以后，积极地协助他人的工作；在遇到困难时，知道如何向他人请教，这就是最基本的团队协调能力。

"协调"体现了团队的团结、互助和凝聚力，但它并不是一朝一夕就能完成的。有时候我们会发现，团队的领导者是一个大好人，非常注意协调下属的利益和工作分配上的搭配。人们提起他，总会由衷地赞一声："他真是一个好领导。"可他的团队业绩往往糟糕，各自为阵，私心战胜公心，难以控制；还有一些老板，他们本身具有较强的人格魅力、优秀、善良、有野心、有着良好的品质，但他的公司时间不长就垮了。这是团队管理的一大死结，也是他们所想不通的。

原因是什么？最主要的是他们对于团队协调的错误认知。管理者的协调能力，首先表现在工作的分配和奖惩上，其次才是调解下属利益的"马大姐"。工作场所不是让你来发扬爱心和善心的地方，主次颠倒的结果就是你获得了一个好名声，却毁掉了自己的事业。

凡是协调工作做得好的团队，除了一号管理者的作用之外，团队"二号人物"的价值也是不可低估的，他们在与下属的沟通方面，具有"一号"不可比拟的作用。他们能在生活上做到主动且关心下属，当下属在工作上遇到困难时，他们常会想方设法协助妥善解决，为他们"挡驾"并排忧解难。这是部门的一号人物根本办不到的。

在西方公司的团队管理中，大多数并没有行政经理这一中式的职务，不过，多数团队却有专门管理公司行政事务、人事安排和员工考核培训的人事经理，他们往往承担着更重要的职责。在一支团队中，人事经理就相当于二号人物，他负责建立公司的人事和利益分配制度，协助部门领导进行综合管理，是名副其实的团队润滑剂。

所以，如果你今天接手了一支团队，面对一堆工作，却又不知从何做起，我对你的建议不是找每一名员工挨个谈话，而是先找负责人事的那个人，和他推心置腹畅谈一番。因为，只有他才能以最快的速度帮助你在这个团队中起到良好的协调作用。

统一的团队精神

一群人聚到一块儿,什么是最需要统一的?就像一个人去爬山,他的每块肌肉都要听从大脑的调度,集体发挥力量,相互配合。这叫听从指挥,服从命令,消除私我;他的方向必须是确定一致的,目标必须是唯一而且可见的,这叫统一的目标和凝聚力。这就是团队的核心,它有一种成形而不散的团队精神,一只拳头打出去,是握着的,没有哪根手指可以例外。

○ 团队没有私"我",只有"我们"。每个人都是团队中的一个脑细胞,都要服从中枢神经的调控,异己分子可能有容身之地,但绝不能反客为主。

○ 一支团队,最重要的是凝聚力和共同目标。凝聚力保证了后者的实现,后者又可使团队的凝聚力发挥其价值。

对管理者或一号人物而言,这是两句刻骨铭心的格言。若你不慎违逆,在管理中产生错误、疏漏,并使"我"的影子在团队中日渐强大,相信我,伴随这个组织垮掉的,还有你自身的目标、回报以及意志力,你经过卓绝的努力所获得的一切都会瞬间付诸东流,放在篮子里的果实也会得而复失。

一个具有较强凝聚力的团队之所以威力无比,是因为人人为大家,由几人或几十人组成的团队可以真正成为一个步调统一的团体,共用一个组织之肺呼吸,一个组织之脑思考。一般这样的团队很难击溃,任何弱小的个体一旦加入了这样的组织,都会瞬间神奇地自信起来,随即就会迸发出超人的潜能,可完成他自己永远无法单独完成的工作。

20世纪70年代末到80年代初，领导高盛的约翰·怀特黑德是一位不可多得的金融天才，他接手高盛后，一再强调"在这里只有'我们'，没有'我'"。高盛的团队精神容不下任何特立独行的超级领袖，更不可能容忍哪一个人以自己的私利凌驾于团队利益之上。这种团队精神成为高盛企业文化的重要组成部分之一。

大家知道，高盛从来都不缺乏金融怪才、超级专家和数一数二的天才，像格斯·利维、罗伯特·鲁宾、马克·温克尔曼等人的能力和成就都可以比肩华尔街的任何一位金融巨头，相比彼得·林奇或者罗杰斯，他们毫不逊色。但高盛并没有让他们的个性脱离团队文化而独具一格，让某一个人来控制集体，高盛也并没有因为这些人的离开而大伤元气。

在高盛130多年的历史中，其大部分时间一直奉行着共同领导的团队精神，并且一脉相承，比如总是由两个CEO共同领导，能够被授予公司高级合伙人的职位的，是为高盛创造出最高利润的两位合伙人，而且高盛的其他各个主要业务部门也都由两人共同负责。在绝大多数时间，这种共同领导的团队管理办法在高盛表现得非常成功。

有两个问题我们有必要先了解一下：什么才是真正的团队精神？团队精神到底能够起到什么样的作用？

1. 目标导向

统一的团队精神，可使你手下的员工齐心协力，像拔河一样拧成一股绳朝着同一个目标努力，对于单个的员工来说，团队要达到的目标就是他自己所要努力的方向。团队整体的目标，可以顺势分解成各个阶段的小目标，并落实在每个员工身上。

2. 团队聚能

任何组织都需要一种凝聚力，缺乏这种力，就会成为一盘散沙。行政指令虽说也是一种行之有效的办法，但这种淡化了个人感情和社会心理等方面

需求的强制性命令，虽可短期创造团队的高效率，但长期看为害不浅。相比之下，团队精神则通过对群体意识的培养，通过员工在长期实践中慢慢形成的习惯、信仰等文化心理，来沟通人们的思想，引导他和上司一起，产生使命感、归属感和认同感，反过来又会慢慢强化团队精神，于是，便会产生一种强大的凝聚力，将团队中每个人的能量都聚集到一块儿。

3. 激励作用

激励措施每家公司都在用，但要它起作用，就离不开团队精神。我们要靠员工自觉要求进步，力争与团队中最优秀的员工看齐，这不是仅有物质激励就能做到的，还需要发挥无形的精神激励的作用。因为员工在赚取薪水的同时，还希望得到团队的认可，获得团队中其他员工的尊敬及上司的器重。

4. 控制功能

团队精神的另一项强大功能就是控制力。一支团队中，作为个体的员工的行为首先需要被控制，而团队群体的行为更需要协调。团队精神能起到这样的控制功能，就是运用团队内部所逐渐形成的一种共性观念以及环境氛围，去影响、约束、规范和控制员工的个体行为。

需要注意的是，这种控制并非来源于自上而下的硬性强制，即靠你大吼大叫或签个字就实现的，而是软性内化的控制结果；由控制员工的具体行为，转为控制他们的思想和意识；从控制员工的短期行为，变为对他们的价值观和长期工作目标的掌控。所以，这种控制更为持久，也更容易深入他们的内心，并取得持久效果。

2009年的时候，新墨西哥州一家从事机械制造的公司，它的创立者格菲特在业界很有名望，机床工人出身的他，论技术和业务，无人可比，但在管理方面缺乏经验。他在一次偶然的机会中结识了华盛顿的风险投资人，得到了一笔可以支持他创业的资金。他把这笔钱投了在他最熟悉的机械制造行业，为波音公司提供精密的飞机配件。

初期公司的业绩相当不错，这让格菲特信心大增，想大干一场，但因为他精于业务，不懂管理，未能及时给公司员工塑造统一的团队精神，在大大小小的公司会议上，他讲的最多的是业绩："只要业绩好了，我们大家就都有饭吃。"于是一时间在他的这种思想引导下物质激励充斥着这家公司的每一个角落。

也正因为这样，他的团队缺乏更深层次的凝聚力，因而在遇到危机时，业务量急剧下滑（当 2009 年波音公司陷入低谷时，他的公司不可避免地受到了冲击），他被迫削减薪水，以期渡过难关，但员工此时纷纷跳槽，好不容易培养出来的骨干人才这时大部分离开了他，导致他的公司一蹶不振，不得已他只能宣布破产。

从这一点来说，团队精神就像一个人的魂魄，又是他的人生目标。有和没有大为不同，差距之大，如同一个人失去了魂魄，成为一具行尸走肉。再有前途的公司，如果缺乏这种无形的魂魄，也就是说如果老板和管理者不懂得给手下灌输这种凝聚力，就会始终处于一个有钱赚则大家蜂拥而来，遇到困难则呈鸟兽状散的困局之中。

团队的管理之所以与其他工作不同，就在于它是一个管理矛盾的过程。对此，当你接手一支团队时，就要明白这一点。而树立统一的团队精神，才能尽可能地化解这些矛盾。一种统一的团队精神，它至少可以在以下几个方面为我们的管理工作带来好处。

1. 个体与集体目标要保持一致

我们知道，一个有效的团队常常需要融合不同的个体才能发挥作用，所以，可以包容个体的不同并达到集体的目标。世上没有两个人是完全相同的，就算他们生存在极为严密的规章制度下，也难免要释放出独特的能量和光彩。员工都是有个性的人，而且都有自己的目标，统一团队精神，就是为了把他们的个人目标与集体目标融合在一起。

为了从团队文化的多样性中获益，你就必须具有允许不同声音——观点、

风格、优先权——表达的胸怀和控制力。这些不同的声音在同一面旗帜下存在，实际上给团队带来了开放性的力量，而不是分裂的危险。不过，这不可避免地会发生冲突——团队成员发生竞争。如果个性太强，割裂了统一的认同度，合作解决问题的能力就会下降，由此团队内部便会出现过度的冲突和竞争，内部成员间的胜负压过了团队的胜负，成为团队的突出矛盾。如果个性彰显到这样的程度，团队就面临灭亡。统一的团队精神，能够集合起所有的个体的不同点，激励他们去追求团队的共同目标。一个有效的团队，他会允许个体的自由和不同。但无论如何，所有的团队成员，都必须遵守团队的日程安排，以及适当的下级目标。

2. 对团队成员之间的对抗与互助的鼓励

团队的发展，需要成员之间的良性竞争，以及在统一的旗帜下的互助。在内部，多样性需要得到承认，不同的观点需要鼓励，成员之间也应该互相激励和支持。在这种文化环境下，一种内聚性就产生了。像地球一样，内核有一种吸力，常会将外围的一切都紧紧吸附在地壳上。

每一名成员都对其他人的想法感兴趣，想听到对方的观点并且很想了解具体的内容。通常他们喜欢优秀的领导，喜欢亲近那些具有专长、信息来源丰富或相关经验和当前的任务或决策相关的人员。这是互助与支持的一面，在统一的团队精神带领下，他们是真正的一家人。一个好的团队，就像一家人一样并肩作战。然而如果这种支持一旦超过了一定限度，成员之间常会停止互相对抗，他们之间的关系就会成为至尊无上的第一原则，这时，危机也就来了。我们常常看到，在那些内聚力非常强的团队中，会存在一种保护彼此关系的硬性规定，而且慢慢会成为一种集体思想。人们不再互相批评和攻击，反而会经常联合起来，对抗所有的新思想。

在团队面临某种决策时，将不会出现不同意见，因为没有一个人想制造冲突，和另一个或另一些人过不去。这时团队的大多数成员，就变成了变革的守旧派。此时的领导者若要改变这种现状，就要付出相当大的个人和团队成本。

如果持续地出现这种状况，团队成员很可能产生挫败感，他们将会成为只想"走自己的路"，而不是真正去解决问题的人。一个有效的团队，要想办法保持内部的成员间的对抗和冲突，但又不至于让团队利益因此而受损。

3. 团队精神为团队业绩服务

当你成为一个管理者时，或者在某个团队肩负重要职位时，你就有必要将一个基本原则熟记于心：没有什么比业绩更重要，不管是个人还是团队。业绩是团队生存下去的基础，也是最有力的武器。所以，第三个方面，团队精神不管怎么变化或者被塑造，它都是围绕着业绩并为其服务的。

卓尔不凡的业绩，源于非凡的团队精神。后者是前者得以传承并发扬的源泉，前者则与后者存在互为本体的紧密关系。我们知道，优秀的团队精神是一家公司或一个部门真正的核心竞争力。但同时，我们也应该看到，没有业绩的保障和收益回报，再独特的团队精神，也不过是短暂的彩虹，根本无法长久。

4. 平衡的重要性：兼顾管理者的权威和团队成员的自治

好的团队精神常游走在管理者权威和团队成员的判断力以及团队自治之间并能做到游刃有余，帮助团队达到某种平衡。管理者的权威对业绩的最终结果负责，他们凭此可以获得对于团队成员的控制，掌握生杀大权。但另一方面，团队精神则保证了成员的必要个性，让他们在一种团队文化的保护下，获得越来越多的自治权。

有团队精神的存在，管理者就必须和团队成员共同尊重企业文化和某种日程安排。一个有效的团队，它在管理上很灵活，可以在管理者的权威和最适合的团队解决方案之间找到平衡点。实际上，在功能完善特别是有着强大团队精神的公司，员工之间的信任感都较高，管理者在作出某些决定时往往不进行讨论，也不过多做解释。相反地，在无效的团队中一般缺乏这种高度的信任感，就算是负责人做一件人们最明白的事情或者一个很小的、无关紧要的建议，也会让下属质疑或者警惕。

5. 不可忽视的三角关系

受统一的团队精神影响,曾经有一个关于三角关系的观点:管理者、个体、团队。这三者位于一个等边三角形的三个顶点。管理者具有正式的权威,他们可以就一个问题作出最终裁决,但是团队成员可以拿起团队精神这种武器,让其对抗管理者的资本。其中,个体是最虚弱的,他们的个性难以受到保护,他们必须在整体原则约束下做事。因此对团队中的个体而言,他们对于一种团队文化的安全需求,就显得更为突出。

在这种情形下,老板或者一个部门经理,就必须去关心团队内的三种基本关系:他们和每一支团队成员个体的关系;他们整个团队的关系;每个成员个体和团队整体的关系。任何一种关系都会受其他两种关系的影响,当你不能很好地保持三种关系的平衡时,团队精神就会被破坏,必然会产生不信任和其他不良的影响,并在团队内部逐渐蔓延。

CHAPTER ONE | 凝聚力与执行力

完整的执行体系

对于一个完整的团队执行体系来说，假如要了解它的构造，我们可以用一个图书馆的内容来形象说明，那些看似烦琐难记的程序其实也并不重要，关键是一些基本原则。就像一个国家或民族的传统文化，一篇文章的几个主题，一栋房子的柱子，一支军队的核心武器，甚至是一支钢笔简易的写字原理。

当你确定要为团队搭建一个执行体系时，你要关注的主要有四个部分。

● **团队构成**

几乎我每次去做培训，都会提到《西游记》的取经团队，因为它是一个值得永远研究的参考对象。它的成员有唐僧、孙悟空、猪八戒、沙僧。其他还有一些打酱油的各路神仙，但都是游离在这个取经团队体系之外的，无须提及。对于这固定的四个人，我们都相当熟悉，其中唐僧是经理，既是团队带头人又是业务经理，孙悟空是技术骨干、团队的业绩支柱，没有了他，其他三人什么都干不成；而猪八戒和沙僧是普通的团队成员，做着最辛苦的外围工作，无法集中精力处理核心业务。另外值得一提的是，这个团队的最高领导不是唐僧，而是观音，她并不经常出现，而是遥控指挥，像是一位躲在幕后的公司大股东。

刚开始的时候，他们没什么团队精神，更谈不上荣誉感，就是一群乌合之众，被临时凑到了一块儿，帮助观音完成一个既定的目标。作为团队的成员，

几个人也没有一个共同目标。但关键不在于起步,而在于取经的过程,团队构成的基本特点导致了大家开始共同面对困难并解决困难,在一次又一次的闯关中,几个人之间逐渐形成了极强的团队凝聚力,并将成功取经视为最高荣誉,而且成功了。

仔细分析这个取经项目组,我们会发现,唐僧作为业务执行经理,是个十足的理想主义者,虽然能力不够,但信仰已经深入他的骨髓,坚贞不二。所以,唐僧始终是这个团队的精神领袖。尽管孙悟空没什么信仰,但他能力出众,几乎是以一人之力在保障这个团队安全地前行,从而保证了业务目标的最终实现。他的忠贞经受过多次考验,好几次气得差点跑回花果山,但在唐僧的感召下,他慢慢有了信仰,融入了这个团队的荣誉中。至于猪八戒和沙僧,看起来是打酱油的,但一支团队的苦力亦是不可缺少的。他们的信仰说白了是来自于这支团队的成败——成则聚,败则散。他们的原则就是:师父说什么,就是什么。其实,这就是一支团队执行力的基本体现。

一支团队,首先需要聪明人。现在衡量一个人才是否优秀,有许多不同的标准,但两大基本标准是智商和情商。智商是智慧,情商则是品质。一支团队的骨干必须是同时具备高智商和高情商的,两者缺一不可。比尔·盖茨曾经这样来描述他眼中的聪明人:

聪明人一定反应敏捷,善于接受新事物。他能迅速进入一个新领域,给你一个头头是道的解释。他提出的问题往往一针见血,击中要害。他能快速掌握所学知识,并且博闻强记,他能把本来被认为互不相干的领域联系在一起使问题得到解决。他富有创新精神与合作精神……

德才兼备的人,既有高尚的品德又有特殊的才能,这种人是我们寻找的首要目标。就像很多成功的企业家所感慨的那样,一个优秀的人才不光要有才,还要有德,同时,他还要为人随和,接物待人识大体。如果你能找到这样的人,并有机会将其吸纳到你的团队,那么千万不要错过,一定要及时伸手,把他笼络到自己的手下。

一个合格的团队带头人，他应该具备哪些素质呢？我认为：作为团队经理，他首先要懂管理。不懂管理的人，他在这个团队中只能打酱油，无法长期从事管理工作。而且管理者不但要懂得管理这门学科，还要熟悉自己的直接下属正在做的工作。其次，团队带头人一定要具备很强的沟通能力并掌握好的沟通方法。他需要头脑灵活，思维敏捷，知识面广，考虑问题比较全面，还必须技术精湛，业务能力出众，能够让手下服气。最后，作为团队的领导者，他还要能定期管理并跟踪任务，有很好的进度管理观念，让团队的业务稳定增长，按时保质保量完成工作。

以前，我的公司和其他公司合作开发过一个项目，当时我们对于开发这类业务没有什么经验，所以当时过来的经理，是对方客户公司的，我们的人抱着学习的态度去参与。这个人表现出很强的计划和控制能力，只要什么事情影响到项目计划，比如人员辞职、某一块业务不精确不到位，他总是能够及时地采取必要的措施，避免延期，调整计划。

更让人叫绝的是他的沟通方法，他不是坐在手下的对面跟你干聊，或者在会议室慷慨激昂地向你卖弄他的经验和他的口才，而是叫上你喝咖啡。每天上午11点和下午4点钟，他就会叫上团队成员下楼喝咖啡，很随意地聊天，什么内容都可以谈，好像不是在工作，而是一次业余时间的聚会。起初大家对此还有点意见，觉得这人脑子有毛病，或者有什么企图。但是后来，就慢慢跟着去喝了。

在这个过程中，交流的内容就会非常丰富——从项目的管理到设计方法；从技术发展到风土人情，几乎无所不聊。也正是在这个过程中，增强了团队成员间的互相理解，活跃和轻松了团队的气氛，他也表现出了自己良好的管理素养，展示了自己不凡的人格魅力，让大家在努力工作的同时，又对他非常感激。

对于这个人，至今我都对他印象深刻，很想把他挖到我的公司担任项目负责人，去带领一个团队。但很可惜，任人抛出万金，他就是纹丝不动，毫不动心，对于那家公司，他始终保持着忠诚，这就更让人敬了。

团队成员的构成必须合理，不是说你找一帮人聚在一起工作，就可以称之

为团队了。他们之间应该是能相互负责的、具有共同的目标和共同思考方法的、技能可以互补的一些人。

在一家公司，曾经有一个六人团队，虽然大家的能力相差很大，但从来都是相互合作，优劣互补，没有任何人会受到其他人的歧视。大家在开小组会议时，畅所欲言，指出问题时什么也不用顾忌。

你会说，这很好啊！真是一个完美的团队！可是你先别急着做判断，因为有一个奇怪的现象还需要你知道，每次有项目经理在的会议，大家都不想说话，几乎是每一个人都不想说话，等到经理把工作任务布置完毕，散会走人了，在会后也基本上不提与这次会议相关的任何事情，就好像根本没有开过这个会议一样。

为什么会有如此大的差别呢？

原因有两个：这个经理每次在开会前，必做一件事，就是将每个人都批评一番，而且是按照顺序来，不这样他就不讲后面的问题。这成了他每次开会时的必修课。在这样的会议上，大家都当了一回牛鬼蛇神，个个"罪孽深重"。批评完了以后，经理再按照顺序来询问这些成员有没有什么问题，对工作有什么想法，对项目是怎么看待的，再让他们提建议。这时还有什么作用呢？每个人都想早点出来，当然什么问题都没有了。这种会议，大家什么都没听进去，自然什么都不记得，至于工作，大家会想：我受的委屈够多了，工作就暂时放下吧，反正下次不管做得怎么样，还会上来就挨批的。

由此这种团队会议的无效性，可见一斑。对于这样的经理人选，至少我是不用的。对于团队来说，这样的带头人不但不是助力，不是权威，反而是降低战斗力的"毒品"，很容易就将团队的氛围搞得一团糟，让属下看不到希望，也就没有人为公司尽力奉献，因为人人都有离心，谁也不想在这里有什么长远的事业规划。

● 执行力

执行力是团队效率的基础，你找一帮人为你工作，结果你的想法执行不下去，团队决策无法变成有效的行动，还谈什么业绩呢？这么一来这个团队也就失去了最基本的价值。

要保证执行力，有三个核心环节是最重要的：做正确的事（战略的流程）、用正确的人（人员的流程）和正确地做事（运营的流程）。

团队的执行力，说白了就是将战略与决策转化为实施结果的一种能力：你制定了一个目标，决定了怎样去做，然后一帮人替你去实现，而且是有效地实现。大凡成功的企业家和团队带头人，对此都有过自己的一些定义，但说一千道一万，执行力的根本宗旨都不会变。

通用公司的前任总裁韦尔奇曾经认为，团队执行力就是"公司奖惩制度的严格实施"。奖惩，是为了保证将决策转化为正确的结果。联想的柳传志认为，要保证团队的执行力，就需要"用合适的人去做合适的事"。这么做，也是为了让决策得以贯彻执行。

如果你还没明白，我们也可以这样理解：当上司下达了指令或者要求后，迅速作出反应，将其实现或者严格执行的能力，就是执行力。

1. 执行力的强弱，沟通是前提

没有沟通，就没有对于决策和命令的理解。首先，有一个 SMART 原则：

（1）执行的目标必须具体（Specific）；

（2）执行目标必须可以衡量（Measurable）；

（3）执行目标必须可以实现（Attainable）；

（4）执行目标必须和其他的目标具有相关性（Relevant）；

（5）执行目标必须具有明确的截止日期，而不是无限期（Time-based）。

SMART 原则表明，在执行力发挥前，我们需要了解沟通的前提，即让下属执行的目标，必须符合以上五个要求。也就是说你不能拿着一份模棱两可的计划朝他的桌子上一扔，就让他去自行处理；也不能提出一项根本不可能完成的任务，或者没有期限的一个业务去让他做。除非他是外星人，或会读心术，能够猜透你的心，否则执行将成为空中楼阁。

沟通会促进理解，只有理解了才会产生好的执行力。要是团队有一种好的沟通氛围和方法，也就成功了一半甚至更多。因为通过沟通，团队成员就可以群策群力，集思广益，在执行的过程中明确职责，分清你我，并紧密协作。通过这种自上而下的合力，使得决策的贯彻更加顺畅。

2. 协调是执行到位的手段

内部资源必须协调统筹到位，因为执行好往往需要一个公司至少投入 80% 以上的资源。那些执行效率不高的公司，它们的资源投入甚至达不到 20%。所以才产生了世界级公司和乡镇企业般这样巨大的差距。

我们可以举一个例子。如果只是将一块石头放在平地上，那么它就只能是一个死气沉沉的物质，除了绊路人一跤，让人觉得讨厌之外，它什么都做不了。但如果你把它放到悬崖上，然后让它掉下去，产生的能量就将是毁灭性的。石头没有变，位置变了，作用就大不相同。其性质，就是集势的结果，将资源充分调动到某种集中的战略上，从上到下保持一个方向，就是团队的集势，可以很快达到事半功倍的效果，创造出高效率。

3. 执行的反馈是效率的保障

执行得好坏不需要过问吗？当然需要，而这要经过事后的反馈得知。执行的结果怎么样，我们通常要看市场或者业绩调查部门的报告。其中，又分为市场被动反馈和市场主动调研，通过这些手段，用具体而且详尽的数据来展示执行的效果。

在这个基础上，我们还需从数据形成的曲线中对业务的具体细节和改进的空间进行了解，比如产品销售的走势，或者市场占有率等情况，从而回过头来进行更好的决策，改进执行的方向，以趋利避害。

4. 考核责任心应该覆盖于每一个环节

有人问我：赵老师，考核我们也做了，但结果还是不好，执行得一塌糊涂，而且查不出原因。我去他的部门一了解，发现问题其实很简单。他确实制定了考核制度，但粗而不细，只充门面，没有实际效用，因为他对流程环节的监控没什么概念，也没有部署任何制度。

公司的战略目标以及各项管理制度的成效应该通过绩效的考核来实现，而不应只是单纯地对员工的行为进行道德上的约束，不然就只能像小学生做错数学题一样，你批评了，告诉他这样做不对，但是下次他还会犯同样的错误。说到这里，其实就是要建立奖惩制度，而且是一种在阳光下进行的奖惩制度，明明白白，事无巨细，细化到每一个环节，才不会使执行做无用功。出了问题，可通过这项制度迅速找出原因，责任人是谁，然后加以改进。我比较认同的做法是，像很多人力资源管理者通常会制定目标协议书，这就是利用企业生产管理中的关键绩效指标来管理团队，约束团队的执行力，效果非常好。目标协议书之所以这么成功，主要是因为它是以法律为依据来明确当事人的责任，并且综合主要业绩、行为态度、个人技能素养和能力等各个方面来评价成员个体的执行能力，这样做就使得每个环节都没有遗漏。

还有，像奖金、工资调整、轮岗、评选优秀、储备人才的培养等，都可以作为奖惩的手段使用。同时，我们又必须实行一定比率的淘汰制。虽然这个人比较优秀，但他如果在这个团队是最不优秀的，而且长期没有提升潜力，就必须淘汰，从而通过考核来提高团队的水平，不停地向高处迈进，锻造更加强大的团队。

1. 执行的决心是执行力的基石

你没有决心，狐疑犹豫，员工就瞻前顾后，他们始终在观察你。如果你顾小忘大，优柔寡断，就别指望手下果敢干练。在管理执行方面，团队领袖的决心甚至比管理的细节还重要。有时候，魄力和决心的确远胜技术。这就是我们本章一直强调的，团队的荣誉感和足够强大的团队精神，做事的勇气和一往无前的果断力，这些是一个人能够管好一支团队不可或缺的素质。

在一次培训课上，有位公司干部让我用一句话总结执行，我当时用了开门的动作进行描述：成功就像一扇关着的大门，如果说战略决策这把合适的钥匙已经找到了，而且握在你的手中，那么，把钥匙插进去并朝着正确的方向旋转将门打开的过程，就是执行。

对管理队伍中的菜鸟来说，值得突出强调的是，如果你带领的是一个缺乏执行力的团队，它一般会暴露出下面四类问题：

○ 人员问题：下属缺乏贯彻执行的能力。

○ 结构问题：执行结构过于复杂，不便于贯彻和执行命令。

○ 士气问题：下属缺乏贯彻执行的原动力与欲望，或者下属在贯彻执行时的态度一点都不端正。

○ 团队文化问题：这个团队缺乏明确的奋斗目标或者奋斗理念。

因为对于每一支团队来说，它都有自己的核心班子，比如辅助经理进行管理的副经理、助理人员等。这个核心班子的构成，不是你想设就设，或者想怎么搭配就怎么搭配，既不能过于简单，也不可以过于庞大复杂。这其中有一定的标准，也就是说它需要根据整个团队的人数以及待执行的任务的难易来确定。如果一支团队的人数偏少，要完成的任务又相对比较简单，它的执行结构就不应过于复杂，就像一支团队需要一只水壶，但是要经过反复的审批、盖章、备案，那这把水壶估计到明年也买不回来。所以，这时产生的问题就是，上司的精神与指示或者公司的战略决策，只是很好的摆设，不能及时地执行与贯彻。相反，如果一支团队人数多、任务重，执行结构太简单，问题仍然是很严重的，因为这会让下属员工在执行任务时目标不明确，似乎每个环节自己都可以插手，也可以随时让另一个人接手，而且任务过于繁重，个个出力不讨好，最后就是给你撂挑子。所以，这是我们特别要说明的，你要想成为一个具有高执行力团队的带头人，必须掌握好结构复杂或简单的度，在这方面先给自己加把牢固的锁，以免在团队还没上路时就犯下致命错误。

保障执行力到位的10大步骤：

第一步，制定战略规划：确立团队发展的方向，增加向心力。

第二步，设计组织结构：分清职责，明确分工。

第三步，编制岗位说明：做到考核有据，奖惩有章。

第四步，理清管理流程：避免部门各自为政，不相互配合。

第五步，制定目标体系：提升工作效率，使团队主动工作。

第六步，考核员工绩效：使工作有结果，让利益分配变公平。

第七步，设计薪酬激励：激励员工积极工作，多劳多得，能者多得。

第八步，建设文化制度：使团队有章可循，有法可依。

第九步，打造人才梯队：提高人员的素质能力。

第十步，管控措施到位：防止执行不力，避免互相推诿扯皮。

如果你是一支团队的领导者，你会怎样来培养高效的执行力？

2. 要有敢于深入改造团队的勇气

当你发现团队存在的问题时，就要勇于解决问题。因为一个部门或一家公司，不可能永远不出问题，关键是你解决这些麻烦的魄力。有时我们需要对旧的格局进行改革，而且在改革中会受到许多阻力，比如下属会对你的方案提出质疑，竞争对手会借此兴风作浪，对你进行打击；或许，你的方案不会在短时间内见效。种种风险，都不应该成为阻挠你改革和深入打造强有力团队的决心。一个好的团队领导者，他应该勇于将自己的团队打造成高效团队，虽九死一生亦无悔。

另外，你要做到发现问题后，立即就去解决问题。有决心是前提，其次是千万不要拖延时间。在这里，有一个秃头论证理论就能说明这个问题：掉一根头发，你不会成为秃头，掉两根头发，也不会成为秃头，即便掉一百根头发，你还不是秃头，可是掉一万根，十万根呢？也许等你有一天醒来，发现自己的头发已经全部掉光了，就是因为刚开始脱发时，你没有意识到问题的严重性，缺乏立刻纠正的魄力和勇气。

所以，如果管理者已经发现了问题却因为种种原因没有及时去解决的话，那么一支团队的优秀品质不久便会悄悄地消失掉。而当你意识到问题的严重性时，恐怕已经病入膏肓，只能"躺在床上等死了"。事实上，这很考验团队带头人的素质和能力，因为及时解决问题，也是一种高效执行力的体现。

3. 必须以建立核心团队为目标

我们在前面讲过，核心团队就是一支团队的主要领导班子。就像一个班级的核心是班委会一样。它其实是整个执行过程的第一层，上对最高的领导负责，下又督管着各个团队成员，所以在执行力上，核心团队显得尤为重要。

一支团队的核心部分，在我看来，主要可以分为4种。

（1）能力强态度也好：放手重用。这样的人，往往是优秀的团队领袖，你可以放心地将决策权交给他，让他靠自己的判断执行与决策。

（2）能力强但态度差：引导式管理。对这样的人，我主张你要和他一起商量，然后让他去决策。也就是说，在他决策前，你得让他与你进行沟通，时刻提醒他的态度问题。

（3）能力差但态度好：劝说式使用。对于他，你可以自己掌握决策权，但在决策前，充分和他商量，要尊重他，不伤害他的自尊心。

（4）不仅能力差态度也差：告知式培养。对这种人你要完全放弃吗？如果他仍有被需要的价值，放弃显然不行。作为管理者，你可以在掌握决策权的同时，交给他一定的附属任务，让他成为你布置任务的一个执行者，并时刻敲打他，让他在自己的环节充分发挥作用。

我们不可以放弃团队中的任何一个人，如果确定无疑他是执行环节的一部分的话，那他对你来说，对这个团队而言，就是缺一不可的。作为团队的领导人，你要做的不是砍掉他，而是让这根最短的木条，尽可能变得长一些。要知道，根据著名的木桶原理，桶盛水的多少不在于最长的木条有多长，而在于最短的木条有多短。所以，即便是团队的核心部分，也会存在短木板，关键要看你采取的是哪种策略，是拔掉还是补长。

4. 规则需要统一，并监督遵守

统一规则，对于我国的一些公司来讲，往往极其困难。因为中国是一个深厚的人情社会，规则有时候只能起到限制作用，而不是一种必须遵守的规则。这是我国公司很难管理的一个重要原因。我去德国公司考察，总是会感叹德国公司的强大执行力，这与德国人的严谨与健全的法律显然是分不开的。在这方面，很有必要学习一下日耳曼民族在遵守规则上的一丝不苟。

既然国情复杂，我该怎么管？其实还是有办法的，而且好办法到处都是，就看你能不能因地制宜，灵活运用。许多团队都会制定一些规则，其作用就是提高下属的执行力，从而达到预期的执行效果，这些规则同时还可起到约束、惩罚低执行力成员的作用。目标都是一致的，但方法的不同，导致出现了不同的结果。

一个聪明而坚定的管理者，他在执行规则的时候，首先就是要做到公正，也就是说把自己当作标杆，要规范化。第一，不能因为犯错误的人与自己的关系不错，就宽恕他；第二，不能随便变通，带头不遵守规则。如果你作为一支团队的带头人，自己做到了这两点，即以身作则，下属自然就没有太多的理由违反你制定的规则。

卡耐基有一句名言，是很普遍的管理真理，他说："对于一个上班迟到的人来说，你如果不惩处他，那么工厂里其他所有人就都有了迟到的理由。"

杜绝例外，是管理者的"天条"。因为一旦有一次"例外"发生，再次的例外就会接二连三地出现，于是，例外就成了惯例，成了规则，遵守原规则的反而成了团队中的异类，让人耻笑的傻瓜。那么，这个团队也就丧失了它应有的执行力。

执行力得以提高的基本条件：

○ 完善的培训：培训的目的就是提高。管理者首先要对项目有深刻的认识和深入的了解，然后才能让全体队员深刻领会，从而提高团队的凝聚力。

○ 明确的目标或任务：把自己扮成有说服力的灌输者，用一个完善的推广计划，告诉员工，我们的工作任务是什么，为什么要这样做，这样做有什么好处。

○ 岗位描述：为每一个人专门定做一条做事的标准，每一条标准都要能量化他的工作任务，或者告知他，你的任务要达到什么样的效果。

○ 跟进与控制：在任务进行过程中，我们要及时发现问题，并且及时地帮助员工去解决问题，在这个基础上，进行管理和约束。

○ 激励执行者：如果在这个活动或者任务中，员工的执行效果特别好，就必须激励，还要做到精神和物质激励同时使用。

最后总结，战争需要的是完美执行任务的将军和士兵，而不是靠高科技发明出来的武器。只有一个拥有高效执行力的团队，才会战无不胜，创造让人称赞的奇迹。同时，也只有注重培养团队执行力的领导者，才是一个优秀的团队带头人。

● 工作日记

建立团队的工作日记，实质上是一种对于工作的及时总结、反馈、纠错和进步的过程，对于执行的监督非常重要。一个人在生活中经常写日志并养成习惯，时间久了你便会发现自己的过去、现在都历历在目，思想有据可查；工作日志对于团队的工作来讲，作用自然不言而喻。

我在第一家公司入职时，就养成了给自己写日志的习惯。那时，我经常能够通过日志发现并记下工作中存在的问题，比如主动性还不够，存在惰性心理，不够刻苦努力；基础工作不够牢固，需要加强；对客户的拜访思路不够清晰，没有达到预期效果；做事不够注重细节，大大咧咧的情况有很多；等等。

把问题记下来，这是第一方面，关键是如何改进，当时我就在日志上写道：我必须认真听取经理的指导意见，多学习经理接触顾客时获取信息的能力和工作思路。加强对自己的监管，改掉自己身上的惰性心理，积极主动地去做事情。对于基础知识每天都要继续学习充电，让自己更加专业地为客户服务。

随后，我又在工作日志中详细列举了自己的改进计划：早上六点半准时起床。七点半时出门拜访客户。在拜访客户时，我要充分准备好问题，达到自己的拜访目的。我要注重细节，获取、收集客户的家庭情况信息以及他们的爱好，做好重要客户信息的收集工作。我在做售后服务时，一定要把该收集的信息收集到，做好服务的方案。基本上，我必须达到每次做完售后服务，都要做一个服务方案的总结。

从而，我在每天晚上都会把拜访的客户做个记录，形成工作日记，更好地监督自己的工作。同时，在每天晚上，我都会积极主动地加强基础知识的学习。

后来，我的业绩在公司内步步升高，让同事们目瞪口呆。他们还以为我跟客户有什么私密关系，或者遇到了高人指点。他们向我讨经验，知道我是如何做的之后，还觉得有些不可思议。有人就问："写写日记就行了？"言外之意，鬼才信你这套说词，你肯定在外面有贵人相助。可实际上，提升自己事业的秘诀，有时就这么简单，一本小小的工作日志，作用就可以如此巨大。只不过，处于团队底层的大多数人，对它没有概念。他们都盯着那些高深的营销理论，每天忙着去上各种营销培训课，充电学习，完全忽略了自己最应该做的工作其实是对自己工作历程的总结、对问题的发现和改进。

你的员工每天都会记下这些吗？如果你是一名团队领导者，或者决心做一名好的部门经理，我建议你一定要记住这点，定期在团队内部强化周报和月总结，以团队日志的形式，发现、总结并及时改进团队工作中存在的问题。工作日记可以包含任何信息，哪怕是最细微处。

比如我的员工对工作已经轻车熟路了吗？他们做工作记录了吗？在记录之后又核查了吗？他们的业绩天天有客观的排名吗？主管核查和业绩排名之后，负责人在早会上宣读并进行奖罚了吗？这些信息至关重要，就像一面镜子，可以准确无误地展示手下的工作情况，哪儿有问题，或者应该如何纠正，管理者都可以在小小的工作日志中看到。

● **缺陷跟踪**

对工作缺陷进行跟踪的主要目标，不仅可以给团队的工作定期照一照镜子，还可以对改正那些应该改正的缺陷提供真正的帮助。要知道，任何不直接面对这个目标的问题做法，都不是关键问题。即便缺陷被清晰无误地发现，如果你不跟踪并研究改进方略，你发现它的意义就等于零，没有什么作用。

在工作中，团队管理者常常会遇到这样的问题：手下报的缺陷被遗忘掉；延期的项目终于发布，用户却频频抱怨，管理人员只好将矛头指向那些同样稀里糊涂的具体执行人；虽然都知道存在错误，可在改进时却都有心无力。大家都有把事情做好的强烈心愿，但就是无从着力。

之所以会出现这种现象，就在于人人都知道错误，可没有人去具体跟踪监督、改正错误。对一个部门来说，这种弊端堪称部门之瘤；对一家公司来说，此等缺失相当于老板和管理层是在慢性自杀。然而，只要有了缺陷记录和跟踪，这一切都将变得简单起来。一个好的团队，它必须要有及时的缺陷跟踪，建立相应的机制并严格执行，才能对团队中的各种漏洞作出最快捷的反应，强化正确的执行措施。

在团队建设中，如果缺陷始终被忽略、遗忘，没人去管它，包括你这个最高管理者，虽暂时安全（在火烧到自己之前），但最后都免不了被不断扩大的缺陷黑洞所吞噬，没有人可以幸免。

CHAPTER TWO
找到制度的基础

>>> "懒惰因子"下的进度量化和惩罚制度

>>> 个人责任与共同负责

>>> 效率——谨防时间"偷窃"

>>> 你是管理者还是领导人

"懒惰因子"下的进度量化和惩罚制度

在一支团队中，你会怎样进行"进度"量化的管理？要知道总有一些"好吃懒做"的人在你这里混吃度日，他们在任何繁忙的时间都会钻"懒"的空子，逃避安排的工作，试图以最小的付出，靠投机获得最大的回报。他们对于团队理想没有忠诚度，是彻底的工作投机主义者，而你可能对此却一无所知。

这些人常会侥幸地想："我的工作做得稍微差一点点，又能怎样呢？"

"老板不会发现的，小李就没被发现过。"

"把工资拿到就可以了，工作进度与我可没什么关系！"

"我不关心项目的死活，我只要自己每月有钱赚，哪怕公司垮掉也无所谓，我可以立即换个工作。"

对此，澳大利亚商学院的一位博士生本杰明·沃克曾无比感慨地说，一支团队最懒的那个成员，实际上就可以决定一个项目最终的成功或失败。这有点像坏苹果理论或者木桶定律，最坏的苹果决定好苹果的命运，最短的木板决定这只木桶的容水量。在团队中，事实的确如此，哪怕它是微软的技术团队或是巴菲特的证券投资精英团队。

● 将吃白食者逐出团队的武器：合理科学的奖惩制度

传统的观点一直认为，一支团队的整体水平，应该是其中每个成员的平均水平。所以在工作中，如果团队里有一个能力特别强的人，就会帮助你的团队表现好一点，可如果情况恰好相反，那么这个团队的表现就会略有降低，因为平均水平被拉低了。听起来，这似乎合乎逻辑。可稍加分析，我们就会发现这一点都不靠谱，因为团队工作不是简单的算术题，只需要用运算公式加以计算，就能得出权威结果。事实是：如果你的团队中哪怕只有一个技术特别不熟练的员工，或者是一个懒惰的员工，那么团队的表现就会降低一点甚至是大大降低。

沃克的研究向我们证实了上述观点。他首先怀疑，在人们都比较熟悉的情况下，吃白食的人和其他人在同一支团队工作，从本质上讲，那些吃白食的人，从不做什么得力的工作但获得了与众人相同的待遇。当这个团队表现得没有那么好的时候，吃白食的人受到损失了吗？许多白食员工其实没有因此受损，他们更多的是借助权力的优势或其他手段，跑到另一个表现好的团队混日子去了，并且再次获得了较好的待遇。

为了证明这一点，沃克设计了一个实验。他找来159名学生来参加这个实验，看看他们是怎么认真和积极地对待这个测试的。在实验中，他先把这些学生分成了33队，每个团队都被分配进行一个案例的研究。

沃克告诉他们，每一名队员都将根据他们所在团队的表现给出一个测试的客观成绩。这是本实验的原则。结果他发现了什么？对团队贡献最少的人，却是团队成绩最大的决定因素，而不是人们传统印象中无足轻重可以忽视的人。即使一些有能力的人努力地表现好一些，他们也无法弥补那些表现很坏的成员对于团队的消极影响。

也就是说，这个懒惰的人最终决定了团队的整体失败或成功。懒惰的心理有时不但受不到公正的审判，反而会在团队中产生逆淘汰现象。对公司来说，很少有比坐享其成或者逃避工作这种坏习惯更能腐蚀团队精神的了。

你必须采取一些措施防范这种现象。只靠眼睛或嘴巴，你可能会在办公室表现得比任何时候都有统治力，那些业绩不好的人纷纷逃避你的眼神，不敢抬头跟你说话，或者被你的怒斥吓得"屁滚尿流"，让你非常得意——看，他们

是如此怕我！但，结果又怎么样呢？没有制度的跟进，缺乏具体的行之有效的奖惩措施，你的脾气除了污染空气，什么都不会改变。

以前，在我的公司中也有大量的懒鬼，他们对于周围同事造成的坏影响十分明显。曾经有人向我反映说："老板，我不喜欢那些对于工作不关心也不努力，只在领取薪水时才出现的人，"他激愤地说，"我不喜欢工作时不得不监督那些不用心的同事。"而另一名干部则给我发私密的电子邮件，告诉我："老板，我不喜欢不停地告诉他们应该怎样做好自己的工作。弥补他们的过错，已经成为我的首要任务，这让我感到压力很大，没有得到公正的待遇。"

没错，这就是问题的症结所在，没有人喜欢一个懒鬼赖在自己的身边，与自己共事。当你和一群精明能干的人共事，可以每月赚七千元时，你会发现如果他们中有一个人变得很懒惰，这样一来你就只能赚四千元甚至更少了。

确切地说，我们需要建立具体的奖惩制度来监督工作的进行，进而保证进度尽可能量化，以督促那些总是以懒人面貌出现的人，并逐渐将他们驱逐出团队，永久地对他们关闭大门。

懒惰之徒的种种表现还包括：

换班时他们不准时出现，总有理由迟到；

不做好自己的本职工作，让同事承担大部分的工作；

没有人愿意承担责任，哪怕是举手之劳的责任；

……

● 一次拉绳实验

这些问题并不是近代或现在才出现的，已经存在很久了，比如在 20 世纪 20 年代后期，德国心理学家林格尔曼（Max Ringelmann）为了证明这个问题造成的危害，就对团队作业时成员的不同表现对于绩效的影响，进行了一次非常深入的研究。

当实验的参与者到场时，他要求人们尽自己的最大努力去拉拽一根绳子。

实验进行了很多次，每次的人数各不相同。结果他发现，两个人拉绳子的力量要大于一个人，三个人拉绳子的总力量要大于两个人，以此类推，这当然不足为奇。不过，在用施加在绳子上的总力量除以参加者的人数之后，林格尔曼随即发现了一个奇妙的现象：随着人数的增加，平均每个人所施加的力量都呈现出下降的趋势。换而言之，参加者越多，平均每个人在绳子上施加的力量就越小。

我们假定一个人可以施加的总力量为 100 分，如果由两个人来拉绳，平均每个人只会施加 93 分的力量。如果有四个人参与，平均每个人只会施加 75 分的力量。当增加到八个人时，这个数据就变成 50 分的力量了。所以，八个人施加的总力量其实并不比七个人施加的总力量大，因为其他七个人所减少的力量，足以抵消第八个人所施加的力量。

为什么会出现这种现象呢？有一本组织行为学的教材中是这么描述的：团队真正奇特的地方之一，在于他们能够使 2+2=5，同时也能够使 2+2=3。

从中得到的教训如下：如果团队的成员在职业道德和责任感方面比较缺失，就很容易滋生懒散的情绪，比如在工作中，一些人会把自己该做的事推给其他人，或者在自己的工作没及时完成时诿过于他人。

我在很多公司都发现过此类现象，懒虫到处都是，比如欧洲有一家食品公司，他们对每位员工是否发挥了应有的作用进行了一次客观的评估，结果发现，有 51% 的工伤事故是由于员工没有尽力而引起的，并非企业的设备出现了问题。

在一次团队管理的培训课上，我因此告诫参与培训的干部："如果你的员工觉得他很负责而且必须负责，并且他认为自己身处一个高度尽责的团队中，那他行事往往就比较谨慎，他对待顾客会更加友好，不会轻言放弃，而且工作效率也比较高。保证这一切得以实现的基础是制度方面的因素，而不是团队领导者的个人魅力。"

一支团队快速衰落的原因在哪里呢？如果你不阻止"搭便车"的团队成

员,越来越多的人将会选择放弃你这辆车,因为付出更多努力的人承受着最大的不公平,久而久之,能干者不愿再为你付出,最后几乎没有一个人愿意对你的团队作出自己应有的贡献。当你的部门或公司混到这一步时,垮掉将是不可避免的。

● **在你的团队中提供公正的机会**

有一项实验,是苏黎世大学的教授费尔(Ernst Fehr)和盖希特(Simon Gachter)联合举行的,他们将参与者分成四人一组,为每个人提供了一些钱,让他们选择要么自己保留这些资金、要么将一部分或全部资金投入到基金池。无论参与者作出何种选择,这个基金池都将增长40%,并在所有的参与者之间进行平均分配。

游戏刚开始的时候,大多数人会将一部分资金投入到基金池里,他们的平均贡献值为9分多一点(总分为20分)。但是随着游戏的进行,将资金投入基金池的人就有些不乐意了,他们意识到其他的参与者实际上是在不劳而获,因为有些人没有把钱投入进去,却总是在分享基金池的增长收益。

于是,贡献多的人不想自己被人当傻瓜耍,合作精神被破坏了,他们不希望自己付出而让其他的成员坐享其成。所以,乐于贡献的参与者们开始选择放弃投资,他们逐渐减少了投向公共基金池的资金额。就这样,经过10轮游戏之后,平均贡献值降到了3分。最后教授们发现,几乎所有的参与者,都将自己的全部资金留了下来,不想投入进去,这么一来基金池很快就干枯了。

接着,两位研究者为这个游戏增加了一个新的条件:在新一轮的游戏中,参与者可以花一部分钱对坐享其成的人进行必要的惩罚,以减少后者的基金额。尽管这样做也会减少自己的基金额,但他们还是非常愿意付出这种代价。因为,现在他们可以采取行动反击了,教训那些懒虫和坐享其成的家伙。

这是一种惩罚制度,它利用了人们的报复欲望,报复是一种很强的心理动力，同时也是一种激励措施。相信我，所有的奖惩制度都是在利用人的本性上的弱点。你不可能只要求你的员工做好自己的事，而对隔壁办公室里的懒惰之徒睁一只眼闭一只眼。你需要制定相应的制度，或奖励或惩罚，为员工创造公正的环境。

游戏开始发生改变，在第二组进行的游戏中，每个人的平均贡献值与第一组相比非常接近，但是后来却在慢慢增加，有时甚至上升到 20 分。由于参与者们普遍产生了责任感，通力合作成了他们每个人的主导行为标准。于是这些人的平均贡献值达到了 18.2 分，在他们中间，有 82.5% 的参与者将所有的资金投向了公共基金池。

偷懒者害怕被惩罚，从而加入了积极投资的阵营，由此便提升了工作的进度和效率。只有在这个基础上，我们对于工作进度的量化管理，才有了实现的可能性。

如果你没有采取任何的奖惩措施来确保成员为团队的整体利益负责，有些人就会变得徘徊起来。他们是团队中的懒虫，企图坐享其成，然后引发其他人的愤怒情绪，使其他起初愿意投入和承担责任的成员选择放弃努力。当这样的人越来越多后，你的团队就变得极度自私，时间一长就会失去盈利的机会，成为一个烂团队。

在实验进入最后阶段时，两位教授说："随着时间的推移，团队合作的热情会明显减弱，并最终降到非常低的水平。这些事实表明，缺乏惩罚措施时，参与者必然无法进行稳定的合作。"

我非常赞同上述观点，我通常会让参加管理培训的各家公司的中层干部们去了解并参与讨论，若想让一个团队拥有高效率，仅仅关注那些能干之士就能做到吗？不是的，惩罚团队中的懒惰之徒，有时会显得更加重要，这对于团队中的积极分子来说也是一种激励，常常会让他们有更好的表现，因为他们看到了公平，从而更乐于投入。如此一来，通过最公正的管理和最能体现优胜劣汰法则的奖惩制度，整个团队的盈利就会上升。

惩罚制度有利于监督进度，催生一种团队内的互惠行为。即，当你不合作时，大家的利益都会受损，而懒惰者的利益会损失得更多，从而促使每名团队成员自动监督共事者的投入力度，共同惩罚懒惰者。就团队的合作精神和生产效率而言，这非常重要。如果一支团队经理人对手下的懒惰之徒视而不见听之任之，在其他团队成员看来这将是不可接受的事情之一。如果你是这样的人或正犯此类错误，危机将很快到来。

个人责任与共同负责

为什么要具体到个人的责任？因为具体到个人责任会增加员工的责任感，为团队创造更多的收益。个人要担负的责任与团队的共同责任必须协调一致，它们既是独立考核的，又互为一体，难以分割。事实上，每一种制度的基础，都需要到个人的身上去寻找成因和其合理性。所有的团队制度，归根结底都是对每一名个体的管理、激励和监控。只有明确了个人责任，才有谈到共同负责的必要性，否则，后者就将是不成立的命题。

我在国内见过一家公司，他们的状况是这样的：

没有责任目标，也就是说，每个部门都没有一个具体量化的工作任务，部门的考核就缺乏一个统一的标准。

因为没有标准，就谈不上考核工作的好坏，也就不可能很好地进行奖罚，达到鼓励先进和鞭策落后的目的。

由于存在以上原因，结果导致很多员工没有责任心。这些人虽然也在努力地工作，没有闲余时间，看上去也没有偷懒，但纯粹是在瞎忙瞎混，滥竽充数，吃大锅饭，干好干坏一个样，反正领导是凭他个人的印象来确定工资收入，想给多少就给多少，一拍脑门，就决定了，毫无说服力。

于是，在这家公司，奖罚措施始终不到位，制度起不到积极导向的作用，挫伤了一群想干事之人的忠诚心，反而保护了一批瞎混的害群之马，使整个公司缺乏生机和活力。当我去他们公司考察时，发现这家公司已经到了关门的地步，几乎无可救药了。

一个人进入一支团队，他最怕的是什么？一定是遇上了自己无法与其产生默契的某些团队成员，因为这会极大影响自己的事业以及进取心，并最终影响自己努力奋斗成果的收获，尤为甚者，会影响到自己做好本职工作。假如一个人在公司连做好本职工作都没办法积极投入，可想而知他对你的忠诚度会有多低。

有一个老板告诉我："我最怕那种没有责任心和做事极其不负责任的人，那种人根本不会很用心去做自己分内的工作，而且他们很会偷懒，在别人辛勤工作时通常会听到他们阴阳怪气的指指点点，到处散播谣言，挑事生非。一旦工作中有了问题被追究责任，这种人的第一反应就是'不是我干的，与我无关'，他们总是会用自己没有经办或没有经手这种理由来推卸自己的责任，甚至还会找几个人来证明这不是他的过错。我对这种现象很气愤，很讨厌，但又没有办法。"

办法他当然是有的，他也肯定知道应该如何处理，但有时，我们会发现，意识到问题的团队管理者，之所以不能果断采取措施，是因为他们害怕无法协调个人与共同利益之间的冲突。当他们想建立一些制度规范个人责任与共同责任时，却发现很难找到其中的平衡点。

建设完美的融合个人与共同利益的团队制度，需要考虑以下几个因素：

1. 首先是公平因素

每一个成员身在团队中，都会有公平上的诉求，尽管绝对的公平从来都不存在。我的建议是，哪怕你的管理制度再怎么不公平，也首先要倡导并声明这一点，以避免给人一种"恶法"的先入为主的印象。

你要知道，公平可以分为程序上的和结果上的两种。就对团队成员的影响来说，程序上的公平显然远远大过结果上的公平，比如在百米赛跑中，当比赛机制公平时，人们只会向自己而不会向其他的人抱怨为什么没跑第一？但假如你将起跑线设定得不公平，那么人们就会对结果的公平性产生怀疑。他们会很愤怒，躁动不安，对这项赛事缺乏再投入的积极性。

也就是说，你首先要考虑到程序上的公平，给人以平等的印象，激发他们的个人责任感，从而推动共同负责。结果上的公平，则是要给人一种平等的结果，有时这并非我们需要和想看到的。我们必须在满足程序公平的前提下，参照个人的能力以及努力程度来营造结果上的不公平。我们只需记住，如果程序上不公平，那么就会导致秩序的混乱。

因此，对团队来说，程序上的公平比结果上的公平更加重要。一项制度的确立，如果不注重程序上的公平，而只追求结果上的公平，恐怕就会导致分配上的绝对公平，即干不干活都有一碗饭吃，干多干少都会得到同样多的回报，从而打击业绩突出的团队成员的积极性，进而影响整个团队的绩效。一句话，当个人负责的公正体系没办法建立时，共同负责就会成为一句空话。

2. 对绩效的评估

团队的制度无法离开对绩效的测评，我们首先看重的是整个团队的绩效，这是不言而喻的。不过，团队绩效从本质上来说又离不开每个成员的协同努力，因此共同负责的基础，是你必须重视成员个人的作用——尊重他们个体的付出，记住他们所做的任何细小的工作，并给予相应的回报。所以，你设计的制度当中，必须包括一套公平和透明的绩效评估体系，对成员的努力作出评价。

如果你的这个评估体系不够透明、科学，就会挫伤团队成员的积极性，造成严重的消极影响，进而影响整个团队的绩效。在这样的环境中，一定会出现滥竽充数的南郭先生，他们绝不会为团队建设作出应有的贡献，整天想的就是偷懒和逃避责任却又试图得到不次于积极付出的成员的回报。

3. 人际关系的协调

我亲耳听到许多国内的管理者向我抱怨人际关系的问题，因为我们国家的

人际关系就像一块石子扔到水里一样，不是马上沉下去，而是会溅起许多波纹，一圈一圈的波纹向外扩散，由近及远，互相交错，利益关系复杂。所以当谈到个人与团队的利益分配以及由此建立某种制度时，因为这个原因的存在，情况就变得无比复杂和微妙，常常让经理人头疼不已。

就像一个小团队，它有三个人，构成了三种简单的人际关系，在这个基础上增加一个人，就变成了六种关系。以此类推，加入的人越多，形成的人际关系也就越复杂。其实不只是在我国的文化中，在西方也是如此，每一个人都会像一块投入水中的石块，总以自己为中心，形成了一圈一圈的波纹似的由亲而疏的关系网，从而在相互交错中结成错综复杂的关系。人际关系越复杂，对于团队绩效产生的负面影响也就越大，由于团队成员将精力耗费在人际关系方面太多，所以投入到公正竞争中的精力就会相对减少。

对于普通人而言，精力总是有限的，如果将大部分的精力都花在这方面，那么用在工作上的就必然被占据了不少，这是显而易见的，长此以往就会影响到团队的整体绩效。经理人如果意识不到这一点，他的团队就会遇到麻烦。所以如何为团队创造一种和谐的人际关系氛围，对经理人来说就显得特别重要。这就要求经理人在确立责任时，一定要尽量使团队的成员尽可能地处在简单的人际关系中，只有这样，才能工作得既轻松又能全力以赴。

当上述三个问题解决不好时，毫无疑问团队将会出现内耗的现象。因为团队成员不协调一致地行动，就不会产生整体大于部分之和的协同效应，而这时产生的效果是整体小于部分之和。人多就一定力量大吗？在这时，答案是否定的，人越多力量就越小。只有大家具有团队精神，并很好地解决掉这三个问题，才能发挥整体大于部分之和的协同效应。否则，这个团队将会成为一盘散沙，难成大事。

当很多人在共同负责的时候，需要注意什么呢？我提出的第一个危险是：共同负责的时候，总有坐享其成者，就像我们上一节提到的，如果你不能及时地发现，他们就会成为团队中的"特权"者，而且这是你不愿看到的，但你又总会忽视他们的消极影响。

在外面的人看来，团队多数时候会被看作是一个整体。因为个人的工作与结果通常直接反映在外界对于团队的评价上。若想提升团队形象，领导者就必须培养成员的集体荣誉感和勇于承担责任的勇气。

要想做到这一点，一方面，我们要依靠日常的耳濡目染，在对团队文化的灌输中培养员工的奉献精神；另一方面，我们还需要管理者做到以身作则，比如当你的手下做错了事，你可以主动地先做自我批评，找到并承认自己的不足，而不是出了问题就先把责任扣到员工的脑袋上。只有这样，你的手下才会把更多的精力和时间用在做事上，而不是每天都在考虑：万一我做错了事，会不会很倒霉？就算不是我的问题，头儿会不会让我当替罪羊？

理想的而且必须达到的状态是：每个人的工作重点都应该着力于如何帮助团队解决问题，并且支持团队其他成员将各种问题的负面效应降到最低。出了问题，要以实际问题为核心，对事不对人，从而才能建立共同负责的团队文化。

团队不只依靠个人的工作成果，更依靠整体业绩才能生存。它强调通过成员的共同贡献，获得实实在在的集体成果。这个成果，我们称之为团队得以存活发展下去的营养，它必须超过成员个人业绩的总和，即团队业绩应该大于个体业绩之和。为了防止这个过程中出现滥竽充数的现象，就需要你在团队中划分明确的责任目标，将每个人都放在最合适的岗位上，并且人尽其责。团队的共同目标，必须以为他们建立的共同利益为前提，只有这样，他们才能看到自己能分得的那部分利益。围绕这个前提建立的奖罚制度，不管是奖励还是惩罚，都应该明确而清晰，有理有据，考核科学客观。

为了达到这个目标，你还需要为团队成员设立一个让所有的人都能够信服的目标。只有切实可行而又具有挑战意义的目标，才能激发他们的工作动力和奉献精神，从而为工作注入无穷无尽的活力。

你的团队中有个人绩效评估吗？

你要学会用团队中的个人绩效评估，来实现个人和团队在利益上的矛盾。

现实中，每一支团队都有自己的宗旨和绩效目标，但是在通常情况下，团

队内的信息又具有不对称性的特点,并不是每一个苹果都是同样大的,每个人的贡献也绝不会一样,哪怕他们是在用统一的标准进行工作,也会因为能力的差异产生不同的绩效。这就需要你对团队成员个体进行绩效评估。但是,不管你的标准有多么科学,实施起来往往都是非常困难的。当你过分强调个人绩效时,会破坏团队整体的合作性;当你过分强调团队的绩效时,则会引起团队成员的不公平感。如果不能达到两者的平衡,不管你如何进行确认,最终都会导致每个人的实际努力水平低于他潜在的水平,从而影响到团队的整体效率。所以,一个重要的问题是,个体责任与共同负责,对应的都不仅仅是简单的个人绩效与整体绩效的问题,而是会互相影响,牵扯不清,所以你要充分地考虑到个体和整体的冲突,尽可能地实现它们之间的平衡。

在我看来,绩效评估的实质,在于为你公司的员工树立一个明确的积极榜样,表明在这个团队中,什么样的行为和结果是"有价值"的,是应该追求和从中获得奖励的。

在建立个人的绩效评估体系时,我们应该贯彻以下的原则:

(1) 目标要具体:要切中特定的工作指标,不能笼统和难以确定。

(2) 必须可度量:绩效考核的指标必须是数量化或者行为化的,在验证这些指标的数据或者信息时,必须是可获得的。

(3) 必须可以实现:设定的指标在付出努力的情况下必须是可以实现的,要避免设立过高或者过低的目标。

(4) 有相当的现实性:目标必须是实实在在的,可以证明和观察。

(5) 必须具备时限性:必须有特定合理的时限,不能无期限或者时间太短。

效率——谨防时间"偷窃"

在每个团队中都有偷懒者,这一点毋庸置疑。制度的建立,是为了防止出现各种偷工减料逃避科学考核的人,比如在100个业务员中,只有10～20个人非常辛苦,他们是同事眼中的笨蛋,因为他们从早上八点半开完晨会,会一口气干到下午的六点下班,甚至加班也没有怨言,像机器人那样拼命地工作;有60～70个人是正常的,他们会在中午吃饭前就结束全天的工作,然后跑到饭馆里造一份假报表,下午再玩一圈,回公司交差;另外有10～20个人,他们比较"聪明",这些人会在一个小时内就结束全天的拜访任务,如果你要问他们都做了些什么,他们会告诉你:"经理,我成功地拜访了很多大客户,效果不错,正在跟进。"其实,他们只不过是打了几个电话给那些大公司的前台而已。

这是至关重要的效率问题,时间偷走了你想看到的工作成果,问题是"聪明"人和正常人与时间紧密配合,非常乐意出现这样的工作状态,只有辛苦的"笨蛋"常会感到时间不够用,工作很紧张。

如果在你的团队中经常出现后两种情况,那么,你的成员一定是偷懒了。有时候你会发现,为什么部门会议一开就是两三个钟头呢?仔细研究一下你就会发现,原来是有人在浪费时间。很多公司和部门都将开会的议程写得很明白:早上开会,9:30在会议室集合,或者什么时候开始讨论问题。但是从来没有人写几点散会,就是写了也是假的。

知道问题出在哪里了吗?

有一次 CVS Caremark 公司召开行政会议,我看到自己的手下玛丽在那里看资料,尽管她努力向我掩饰着,但我还是看到了。

"玛丽,你好像在会前没有读过资料。"

她的反应是冲我笑了一笑,一副很不好意思的样子。

我马上说:"我们现在就要表决了,玛丽,你没有读资料就没有办法进行表决,那么对不起,请你现在出去,将资料读完了再进来。"

玛丽只好红着脸拿着资料走出去,她坐在门口读,表情极为尴尬。

我问大家:"诸位同事,资料你们都看过了吗?"

结果不出所料,出现的是一片沉默,众人大眼瞪小眼,没一个人敢主动就这个问题发声。于是,本来二十分钟就能结束的会议,那一次我们足足开了三个小时。

教训是什么呢?事后我召集团队中的主要骨干,让他们主动进行总结。然后,得出了一个结论:会议资料不应该在会场阅读,而应该在开会前发给所有的参会者,一到会场就能直接讨论和表决。我说,我们开会的目的就是马上得出结论,而不是拿着一堆阅读资料。否则,这将不是会议,反倒成了一场阅读比赛。

● 用严格的考核截住那些被"偷走"的时间,让每个人都产生紧迫感

许多业务员为什么在月初时表现得像富家公子,到了月底就像个忙碌的菜贩子?因为很多公司只有到了月底才考核当月的业绩,所以他们在月初时都会非常轻松,有足够的时间让自己无所事事,反正没人考核,到了月底再绞尽脑汁地赶工或做假。但如果你一周甚至两三天就考核他一次,或者每天都有固定的考核,结果将会大不相同。

我经常对公司的干部说,对员工的考核,月底做一次就相当于死后验尸,等结果出来,这个月已经过去了,团队的利益已经受损,你就是杀了那个员工

也没用。因此只能缩短考核周期，强化考核标准，用最严格的考核去截流时间，唯有如此才能做到掌控过程，并且达到改善的目的。

现在，很多公司都在运用这个方法。像国内的华龙公司，他们规定，每个主管必须三天登记一次档期的销量，一个档期的销量若比去年同期下降，就记一张黄牌，一个月有三张黄牌，这名主管就得下岗；还有可口可乐公司，他们把月工资的考核变成档期奖罚专案，用月度任务量算销量，同时每周规定任务的达成进度，完成了额外奖励，否则就要进行额外处罚。

以严格的考核来控制时间，提升效率，这是一种普适的管理思想，也是制度的基础之一。如果你刚接手一个团队，可以先从比较温和的管理起步，比如你将月底考核变成一种"月底考核加周档期达成专案"的方法，或者每周举办一次"今天是月底"的活动，以督促员工进而达到激发员工工作活力的目的。随后，根据手下的承压能力循序渐进，逐步推进，提高考核的标准和节奏，避免操之过急把员工逼"疯"了，就能达到比较好的效果。

● 明确团队分工才能提高效率，避免时间浪费

效率的前提是分工，团队效率是与团队成员的职责状况直接相关的，没有什么办法可以帮你绕开。在一支团队中，成员的职责其实就是一道生产流水线，每个人扮演着不同的角色。而一旦成员之间产生模糊、超载、冲突、错位、缺位等种种现象，就会使成员之间的权责不清，发生问题互相推诿，最终影响的只能是团队的整体效率，大把的时间都被浪费掉了。

这是重要的条件之一：每个人都应该明确并接受各自的职责，在工作中环环相扣，分工明确，并且都可以胜任自己的工作。

在确定他们的职责时，你需要充分关注他们具体的素质和能力，在充分了解成员构成情况的前提下，根据每个成员的专长、能力和水平，把他们放到最适合、最需要的岗位上，而不是随便挖个坑埋个萝卜。如果你安排的工作和角色，有利于他们发挥自己的专长，并且有利于其个人的成长，就能够极大地提高团

队成员的主动性与积极性,而且有利于产生最高的效益。

另外,你还应该清楚,团队中的每一位成员都是非常重要的,他们在人格上平等,在工作中也同等重要。团队绩效其实是每个成员的工作成绩相互作用和影响的结果,所以,在对员工的角色和职责进行确认时,如果你只强调这个成员的重要性而忽视了另一个成员的作用,就无法全面发挥团队作用,也就无法造就高效的团队。你反而会因为自己的厚此薄彼,失去一部分手下的信任,导致管理上的混乱局面。

最后,在划分成员角色职责时,管理者还要立足于现实,做到期望值清楚明了,能够确保每一支团队成员理解接纳团队对他们的期望值。具体来说,你既不能过高地要求他们,也不能低估了他们的能力和潜质,根据团队成员各自的性格特征、能力、体力和环境等具体的条件,制定适宜的成员工作职能要求和长期职业要求,从而恰当地安排他们的角色,充分调动其积极性,让他们为提高团队的效率付出他们全部的力量。

CHAPTER TWO | 找到制度的基础

你是管理者还是领导人

有一次，CVS Caremark 公司的销售总监威比先生问我一个问题，他说："赵，请告诉我团队管理者和团队领袖有哪些区别？"当我把眼睛转向办公桌上的公司创始人斯坦利的照片时，他似乎就明白了。

没错，一支团队的最佳领导人，不仅意味着地位、特权、头衔或金钱，而且意味着重大的责任。一个优秀的领导者，并不一定是那些职位和权力的持有者。在生活中，我们会发现如今的大型公司中，有很多的职位和权力的持有者，他们并不是领袖级别的人物，而只是单纯的职业经理人（这种现象表现得越来越明显，已经成为一种管理趋势），但是很显然，只有领导人才能创建一个伟大的企业，管理者只能作为服务的角色出现在这里，就像房子的设计者和管家的区别。不是因为他们的职位和权力，而是源于他们各自不同的理想和信念。

究竟什么样的行为可以称得上是领导，或者说，具有什么样特征的人可以被称为领导者？从行为上来看，我们会判定，只要有人跟随的人就是领导。就此而言，任何组织的管理者都足以称得上是货真价实的领导。然而，当我们仔细剖析时，便会发现一支团队（它可以是一家公司、一个部门或者一个只有几人组成的小团体）平日里所从事的诸多工作可以分为两大类：第一类属于创新；另一类则属于守成。根据这两大类工作所需要的能力，我们就能区分出领导与管理者的差别。他们之间是非常不同的，所要做的事以及所需要的才干自然也

就极为悬殊。

当一支团队面对变动的环境时,特别需要领导者的出现,就像一艘船突然遇到了大风大浪,它所需要的就不仅是普通船长的角色,而是一个能力超强极有魄力的领袖级人物带着它驶出困境;而环境稳定时的工作,则属于管理,一名精通驾驶技术的船长就可以胜任了。

真正的领导者,他必须具有前瞻的想法、长远的眼光,能主动创造团队的未来;他必须勇于破坏旧秩序,敢于挑战现状。在不确定的未来面前,他常需要靠个人强烈的直觉、敏感的嗅觉以及对大趋势的洞见来决定公司或一个部门的方向,同时也决定很多人的命运,甚至会影响一个行业乃至全世界某一领域内的市场。面对受各种不确定因素影响的未来,领导者必须要说服他的部属跟随他,他当然不可能依靠某些具体客观的数字(有时这一点作用都没有),而要靠一个共同的梦想与能够实现的远景,他是一座大楼的设计者。当环境变化越快及未来越不确定时,远景就越重要,领导者的作用也就越突出。在对待风险的态度上,领导者是用向前看的态度去追逐风险的。

管理者恰恰相反,他就像是图纸实现者,他必须冷静地分析大楼的实现方法,掌握所有可能掌握的信息,让大楼完美地变为现实。所以,管理者要尽可能客观地寻找出一套稳健而有效率的管理方法或方案,而不是陪着领导者一起做梦。相对于理想色彩浓厚的领导者而言,管理者必须是一个彻头彻尾的现实主义者。用一句经典的话总结就是:领导者担负团队的创造性工作,管理者则专注于维持性的工作。管理者努力回避风险,他着眼于已经发生的事实,用往回看的态度规避风险。

在团队具体的事务分配上,我们会发现,公司的董事长一般是领导者,总经理则应该是管理者。董事长负责勾勒公司的远景,拟定公司的新策略和总的战略规划,总经理则是有力的策略执行者,将董事长的意图转化为具体的、可执行的以及可实现的计划,即将领袖的感性转化为理性的实施步骤。就团队的发展来说,领导者负责让团队从无到有的建立,而管理者则负责把既有的蛋糕做大，实现从有到更多的飞跃。

这两种工作的种种差异，其实就是两种角色在本质上的区别，而非在工作强度和分配上存在差异。所以，一个好的总经理未必能够胜任董事长的角色，反之亦然。领袖级别的人物，不一定精于实务，他们可能擅长制定规划，但让他们去做具体的工作比如一些细小的步骤时，他们可能连一名普通的员工都不如，因为领导者不需要关心细节，这是后者要承担的工作。

伟大的领导者通常具有哪些特征？

（1）年轻时就表现出卓越的领导才能，是难得的天才，像巴菲特。

（2）或许还有遗传因素，像那些传奇的家族式企业继承人。

（3）能够不断地改进自己的领导风格，具备自我突破的天才潜质，他们不需要攻读专业的管理学科，就能表现得比管理学院最优秀的毕业生还颇具能力。

（4）始终勤奋地工作，富有竞争精神和创造的激情，能够自觉练习，并制定行业规则，而不是服从规则。

（5）有的人在学校时的学习成绩一点都不好，但他们绝顶聪明、活泼而又时常目中无人，拥有亚里士多德所说的"实用智力"；他们思维敏捷、精力充沛，看起来好像具有天赋的超人本领。

（6）并不真正关心细节，更感兴趣的是授权他人，在自己周围凝聚一个伟大的团队。而管理者呢？恰恰相反，他们害怕因为下放而失去了权力，因此相比前者，他们事必躬亲。

（7）领导者与管理者的最实际的区别：他们不是最好的得分手，也并非球队的队长，但却是这支伟大球队的教练，还是最好的导航员。

（8）天生具有说服别人的能力，还比命令具有更强大的推动力。

（9）虽然他们也会紧张，但他们知道如何放松，并让不利转为有利。

（10）他们思维灵活而且愿意改变方向，不害怕承认自己的错误。不过，缺点是，他们往往很难相处，并且容易改变主意。

在美国历史上威望甚高的总统罗斯福有一句名言，他说："一位最佳的领

导者是一位知人善任者。而在下属甘心从事其职务时,领导者要有约束力量,切不可插手干涉他们。"与此同时,另一位美国总统尼克松则说:"我有一个原则,就是拒绝做别人可以做的决定。领袖的第一条原则就是只做该做的大决定,不要把自己搞得琐事缠身,不要把自己变成问题。"

团队的领袖总能让别人开动脑筋,自觉地积极行动,并做到彼此精诚合作。一个高明的企业领导人,他应该是机器的设计者而不是机器的制造者。所以在这里,我对团队的领袖有一句建议:不要去做可以交给别人做的事情。有时候,对于团队的管理者而言,这句话也至关重要,凡是从事团队管理的人,只要事情可以让手下去做,那就不必自己亲自动手。而且,当你将工作交给下属后,要谨记一个原则,绝不要故意查看,而是应该事后验收工作。任何站在前面拼命工作的管理者或者领袖,实质上都是失败者,如果你无法站在后面,让各从业人员为你做事,你充其量只是一名做具体工作的人,而无法承担一支团队的管理工作。

英国著名的出版家诺思克利夫曾经谈到他自己的工作风格,他说:"我只担任指挥工作,一切事务性工作都交给那些能够胜任的人去做。我自己把精力放在计划创新上,一旦计划出笼,我又去考虑新的计划。"

领导不是一个目标,而是一种过程。无论你是领导者还是管理者,这都是一个相同的原则。

1971年,一个性情温和、名叫达文·史密斯的人获得提名,接任了老牌制纸公司金百利(Kimberly-Clark)的总裁。当时的金百利经营状况已是步履蹒跚,20年来的股价表现落后一般市场多达36%。之前担任金百利律师的史密斯心中充满疑虑,总觉得董事会做错了决定。当时还有董事将他拉到一旁,指出他条件不足。但他还是当上了总裁,而且一做就是漫长的20年。

在这不可思议的20年里,史密斯带领金百利进行了令人震惊的转型，摇身变成世界知名的消费纸用品大公司，甚至超过了史谷脱与宝洁两大公司。金百利的累计股票报酬率比整体股市高出41倍，即便是惠普、3M与通用电气等模范公司也相形失色。

史密斯再造金百利的故事，堪称20世纪企业领导人引领企业由平庸走向伟大的最佳范例之一。然而，没有多少人认得史密斯，他自己可能也更愿隐身幕后。对史密斯来说，他正是典型的最伟大的领导人，他融合了极度谦逊的个性与强烈专业的意志，是每一名团队领袖都必须膜拜与学习的榜样。

在你看过以上的案例后，我们再来谈谈领导者和管理者在具体工作中的实际区别。

第一，工作范围不同。

管理的范围要远大于领导的范围，但后者比前者更重要，掌握着一家公司最核心的生命力。

第二，工作的着力点和侧重点不同。

管理者重于团队中人的管理，突出管理的艺术性；领导者则侧重于对团队活动职能的研究（目标设置方法的选择和建立秩序），突出强调管理的科学性，并为团队制定将来的方向与目标。

第三，工作的目标和过程不同。

在具体的工作中，管理者注重理性和控制，他们是问题的解决者，也是团队成员的监控者。成为管理者，你既不需要天才也不需要英雄主义，只要你坚持不懈、工作勤奋、聪明睿智、有分析能力和忍耐力以及良好的愿望即可。其中，最重要的是忍耐力和良好的愿望。

对待团队的管理目标，管理者一般很少投入真正的感情（当然这种情况并非普例，也并不是我们的期望）。但是领导者则不同，他会主动地设立目标，然后以极大的热情去实现这个目标。他享受的往往是过程，而不只是结果，他们是在做一项事业，而不只当作一份工作。

　　对于长期存在的问题，领导者通常会创造性地给人们描绘一幅不必担忧甚至振奋人心的远景图，然后制订出解决方案。在面对机遇时，领导者则会选择主动地进行冒险，这是由他们的个性所决定的。而管理者则表现得较为保守，因为他要守住董事会和股东交给他的蛋糕，使它不至于贬值。换句话说，升值往往不是他优先考虑的，保值才是他的立身之本。

　　管理者关心的是怎样做事，让事情做成，转换成业绩，这是他唯一的工作；而领导者关注的是事件和决策对于参与者会有何重大意义，以及自身的理想能否得以实现。管理者关注的是如何决策，而不是做什么决策；领导者恰恰相反，他们并不怎么在意与下属的沟通方式，所以一名领袖型的人物担任团队主管，经常会使人际关系显得紧张和混乱，因为他不关注细节。不过，这样的氛围，恰恰容易调动属下的积极性，创造各种团队奇迹。缺点就是，他的团队表现得太不稳定了，所以需要理性管理者的补充，甚至在团队面临升级时，来接替他的管理工作，使他能够将更多的精力投放到建设团队的远景目标上。

　　如果你可以让自己的下属对你分配的工作任务无条件地服从，并且按照你指定的途径将事情做完，那么你只能是一个成功的管理者。

　　如果你能让你的下属一直朝你给他设定的工作目标去努力，而你只是给出了一些原则性的引导，或者你只需要等事情的结果，这样的你才称得上是一个成功的领导者。

　　最后，管理者和领导者的最大区别就在于，前者告诉别人如何去做，后者则是引导别人想办法去做。

TEAM

CHAPTER THREE
道德的价值

>>> 你是否具备这些魅力

>>> 致命的领导错误

>>> 扮好三角色：老师、兄长、朋友

你是否具备这些魅力

有一位超市的经理曾经对我描述他眼中的优秀人物:"他们生来就有与人交往的天性,无论对人对己,他们举手投足与言谈举止都自然得体,毫不费力便能获得他人的注意和喜爱。可另一些人,就没有这种天赋,他们必须加倍努力,才能获得他人的注意和喜爱。但无论是天生的还是靠后天的努力,他们的结果,无非是博得他人的善意,而获得善意的种种途径和方法,便是人格的发展。"

听起来,他说的不像是一位企业家、团队领袖或是部门负责人,因为这三种人的身上都散发着浓浓的商业气息,他们应该是严肃内敛且冰冷古板的。

他讲的好像是"圣人"一样的人物,但是你没听错,这的确是在形容一些优秀的企业家和团队带头人。那些个人魅力出众的管理者,即使他们与你只是偶然相识,只有一面之交,也能引起你的注意——不管在什么场合、什么时刻,他们的出现,会使你感到喜悦,有种想倾听他们观点的冲动。

这又是为什么呢?他们能打动我们,使我们善待他们,听从他们的驱使,这又是怎么回事?就像是不可言喻的两情相悦一样,如同大自然将芳香给了花儿,让人深深着迷。如果你是一名团队的头儿、手下眼中的"老大",现在请客观自问:我是否具备这样的魅力?

美国的心理学家安德森在 1968 年制作了一张表格,他列出了 550 个描写人的形容词,然后让大学生们指出他们所喜欢的品质。结果他发现,"真诚"获得了最高票数。在八个获得评价最高的形容词中,竟然有六项品质与真诚有关(真诚的、诚实的、忠实的、真实的、信得过的和可靠的)。当然,还有评价最低的一些选项,它们分别是说谎、作假和不老实。

这是非常具有普遍意义的研究结果。我们暂且抛开团队管理的专业话题不谈,专从人的性格结构方面分析,具有人格魅力的性格特征往往表现在如下几个方面:

(1)在对待现实的态度或处理各种社会关系上,表现为对他人和对集体的真诚、热情、友善,富有同情心,乐于助人,关心和积极参加集体活动;严格要求自己,有进取精神,自信而不自大,自谦而不自卑;对待学习、工作和事业,表现得既勤奋又认真。

(2)在理智上,表现为感知敏锐,具有丰富的想象能力,在思维上有较强的逻辑性,尤其是富有创新意识和创造能力。

(3)在情绪上,表现为善于控制和支配自己的情绪,善于保持乐观开朗、振奋豁达的心境,情绪稳定而平衡,与人相处时能给人带来欢乐的笑声,令人精神愉悦。

(4)在意志上,表现出目标明确、行为自觉、善于自制、勇敢果断、坚韧不拔、积极主动等一系列积极品质。

拥有这四种良好性格特征的人,在群体中最受欢迎和最受倾慕,颇有人缘,很容易煽动和召集众人追随。我曾在无数公司见过几百名优秀的部门负责人甚至一些工作小组的带头人,在他们的身上都或多或少地可以发现上述四种品质。其中,有一项或两项品质在他们身上是被放大了的,从而决定了他们的吸引力的强弱与侧重点的不同。

● **真诚:总能坦诚地与人交流,他们有谦和、愉快和诚恳的态度**

人性中最基本的人格魅力就是真诚,每个人的思想深处都有其非常隐蔽和

封锁的一面,同时又有其开放的一面,因为人人都希望获得他人的理解和信任。大多数人总会向特定的即自己信得过的人开放内心,很少有人可以用全部的身心去坦诚地对待每一个人,包括与自己钩心斗角的人。因此,当人们偶然遇到这样的人时,就会格外惊喜并深深感服。

英国作家哈尔顿为了编写《英国科学家的性格和修养》一书,去采访达尔文。他毫不客气地直接问达尔文:"您的主要缺点是什么?"达尔文答:"不懂数学和新的语言、缺乏观察力、不善于合乎逻辑的思维。"哈尔顿又问:"您的治学态度是什么?"达尔文又答:"很用功,但没有掌握学习方法。"

呀,达尔文在毫不留情地批判自己,但谁又能不为他的坦率与真诚鼓掌呢?一个能够真诚地将自己的缺点毫不掩饰地袒露在人们面前的人,无疑,他的品格是高尚的,换来的必然会是真挚的信赖和尊敬。假如让这样的人去带领一支团队,必然会得到属下的拥戴。

● 关切:总能对别人真正地感兴趣,并给予关心

如果你对他人足够关切,在两个月之内,你所得到的朋友就比一个要别人对他感兴趣的人在两年之内所交的朋友还要多。这是卡耐基告诉我们的一条真理,听起来好像不可思议,但它确实是对的,你一定可以实现这样的目标,但问题是这种人实在太少了,以至于在你偶尔露出自己的关心时,会让人莫名其妙地感动。

美国前总统西奥多·罗斯福异常受欢迎,甚至连他的仆人都喜欢他,也正是因为这一点,他的黑人男仆詹姆斯·亚默斯写了一本关于他的书,《西奥多·罗斯福,他仆人的英雄》。在这本书中,亚默斯提到了一件事:

"有一次,我太太问总统关于一只鹑鸟的事。她从没见过鹑鸟,于是详细地描述了一番。没多久,我们小屋的电话铃响了。我太太拿起电话,原来是总统本人。他说他打电话给她,是要告诉她,她窗口外面正好有一只鹑鸟,又说如果她往外看的话,可能看得到。他时常作出像这类的小事。每次他经

过我们的小屋,即使看不到我们,我们也会听到他轻声叫:'呜,呜,呜,安妮!'或'呜,呜,呜,詹姆斯!'这是他经过我们房间时一种友善的招呼的方式。"

这样的罗斯福,怎么会不让人喜欢呢?他任期满后,有一天到白宫去拜访,碰巧总统和他的太太不在。他关切人的优良品质便表现出来了,因为他向所有白宫的仆人打招呼时,都能叫出名字来,甚至就连那些在厨房工作、不抛头露面的小女孩也不例外。

亚默斯在书中写道:"当他见到厨房的亚丽丝太太时,就问她是否还烘制玉米面包。亚丽丝回答他,'有时会为仆人烘制一些,但是楼上的人都不吃。'他们的口味太差了,'罗斯福有些不平地说,'等我见到总统的时候,我会这样告诉他。'

"亚丽丝端出一块玉米面包给他,他一面走到办公室去,一面吃,在经过园丁和工人的身旁时,还跟他们打招呼……他对待每一个人,都同以前一样。他们彼此低语讨论起了这件事,艾克胡福眼中含着泪说:'这是将近两年来我们唯一有过的快乐日子,我们中的任何人,都不愿意把这样的日子跟一张百元大钞交换。'"

当你觉得自己正在成为一名不受属下欢迎的人时,请参照这个故事想一想:我到底有没有做到真心实意地关心员工?

● **守信:一个合格的团队管理者,必须坚守诚信**

没有信用,一个人几乎就失去了全部价值。因为你答应了别人什么事情,对方就自然会等着你兑现,记着你承诺的那个日期。一旦别人发现你开的是"空头支票"——说话根本不算数,结果会怎样?强烈的反感,以及对你人品的否定。他不会再相信你,哪怕你下一次肯定会兑现,也已经失去了让他信任的机会。

一个失信的人,往往会给他人增添无谓的麻烦,从而也让自己的名誉受损。所以,对于他人委托的事情,要么不答应,答应了就要尽心尽力地去做。当你

承担一些力所不及的工作或者为了显摆炫耀自己而轻诺了别人却不能如约履行时,你是很容易失去对方的依赖与信任的,在别人眼里你就是一个无赖小人。对于团队的管理者来说,尤为值得警惕。

看看下面这个故事:

在纽约的河边公园里矗立着"南北战争阵亡战士纪念碑",每年都会有许多游人来祭奠亡灵。美国第十八届总统、南北战争时担任北方军统帅的格兰特将军的陵墓,坐落在公园的北部。

陵墓高大雄伟,庄严简朴。陵墓后方,是一大片碧绿的草坪,一直绵延到公园的边界、陡峭的悬崖边上。

格兰特将军的陵墓后边,更靠近悬崖边的地方,还有一座小孩子的陵墓。那是一座极小、极普通的墓,在任何其他地方,你都可能会忽略它的存在。它像绝大多数美国人的陵墓一样,只有一块小小的墓碑。在墓碑和旁边的一块木牌上,却记载着一个感人至深的关于诚信的故事:故事发生在两百多年以前的1797年。这一年,这片土地的小主人才五岁,不慎从这里的悬崖上坠落身亡。他的父亲伤心欲绝,将他埋葬于此,并修建了这样一个小小的陵墓,以作纪念。数年后,家道衰落,老主人不得不将这片土地转让。出于对儿子的爱,他对后来的土地主人提出了一个奇特的要求,他要求新主人把孩子的陵墓作为土地的一部分,永远不要毁坏它。新主人答应了,并把这个条件写进了契约。就这样,孩子的陵墓就被保留了下来。

沧海桑田,一百年过去了。这片土地不知道辗转交易过了多少次,也不知道换了多少个主人,或许孩子的名字早已被世人忘却,但他的陵墓仍然在那里,依据一个又一个的买卖契约,它被完整无损地保存了下来。到了1897年,这片风水宝地被选中作为格兰特将军陵园。政府成了这块土地的主人，无名孩子的墓在政府手中完整无损地保留了下来，成了格兰特将军陵墓的邻居。一个伟大的历史缔造者之墓，和一个无名孩童之墓毗邻，这可能是世界上独一无二的奇观。

又一个一百年以后，在1997年的时候，为了缅怀格兰特将军，当时的纽约市长朱利安尼来到这里。那时，刚好是格兰特将军陵墓建立一百周年，也是小孩去世两百周年的日子，朱利安尼市长亲自撰写了这个动人的故事，并把它刻在木牌上，立在无名小孩陵墓的旁边，他希望这个关于诚信的故事世世代代流传下去。

我发现许多部门的负责人都在频繁轻易地答应属下的一些要求，但又不去兑现，比如有人不停在说："小李，下个月我一定给你涨薪，相信我。"三个月过去了，小李的工资还是一分没长。还有的经理在会议上拍着胸脯承诺："只要完成这个项目，我们就能放假了。"于是大家众志成城，将该项目顺利做完，满心期待能度过一个差不多的假期时（因为很长时间没休过礼拜天了），经理却好像忘记了自己曾经说过的话。

一个不守信的人，他一定会失去手下的信赖，即便下属服从，也只是出于无奈和应景。

诚信，是团队管理者应该遵守的一道"天条"，绝不容冒犯，否则将会付出惨重的代价。

● **宽容：理解并原谅员工的小过失，时刻换位思考并存一颗同理心**

宽容者长立于世，心胸狭窄者不容于一室。我经常向自己的属下表达这个观点，当他们希望自己晋升时，我就会告诉他们：如果你想要坐在一个拥有管理权力的位置上，需要学会的往往不是能力，而是宽容的品质。

如果你总是以敌视的目光看人，对周围的人充满戒备，心胸狭窄，对人处

处提防,不能宽大为怀,你坐在这把椅子上有什么用呢?必然会因为孤独而陷于忧郁和痛苦之中,不但无法胜任工作,反而会将团队搞得一团糟。难道你要把自己所有的精力都用来跟手下怄气或者报复他们的直言相谏吗?

那些宽宏大量,能够主动为他人着想,肯关心和帮助别人的人,特别讨人喜欢,容易被人接纳,受人尊重,具有强大的人格魅力,因而他也就能够更好地体验到成功带来的喜悦,不但容易晋升,其自身的道德品质,也足以让他胜任管理者的职位。

美国总统林肯在竞选总统前夕的一次参议院演说中,遭到了一个参议员的羞辱。当时那位参议员说:"林肯先生,在你开始演讲之前,我希望你记住自己是个鞋匠的儿子。"

"我非常感谢你使我想起了我的父亲,他已经过世了,我一定记住你的忠告,我知道我做总统无法像我父亲做鞋匠那样出色。"

顿时参议院一片沉默。

他转过头来对那个傲慢的议员说:"据我所知,我的父亲以前也为你的家人做过鞋子,如果你的鞋子不合脚,我可以帮你修改。虽然我不是伟大的鞋匠,但我从小就跟我的父亲学会了做鞋子的本领。"然后,他又对所有的参议员说,"对参议院的任何人都一样,如果你们穿的那双鞋是我父亲做的,而它们需要修理或改善的话,我一定会尽可能地帮忙。但有一点可以肯定,他的手艺是无人能比的。"

说到这里,所有的嘲笑都化作了真诚的掌声。

有人批评林肯总统对待政敌的态度:"你为什么试图让他们变成朋友呢?你应该想办法打击他们、消灭他们才对。"

"我们难道不是在消灭政敌吗?当我们成为朋友时,政敌就不存在了。"林肯总统温和地说。这就是林肯总统消灭政敌的方法——将敌人变成朋友。

林肯两度当选美国总统。今天在以他的名字命名的纪念馆的墙壁上还刻着这样一段话:"对任何人不怀恶意;对一切人宽大仁爱;坚持正义,因为上帝使我们懂得正义;让我们继续努力去完成我们正在从事的事业——包扎我们国家的伤口。"

有一句话是这样说的:谁如果想在困厄时得到援助,就应在平时待人以宽。你想得到团队成员的理解,让他们帮助你更好地完成工作,就必须在平时多体谅他们的错误和不易,在顺利的时候共奋斗,在困难的时候共患难,才能为你的团队创造更多成功的机会。相反地,如果你的态度和他们是相斥的,你嘴上一把刀,心里一根刺,水火不相容,则很容易让人疏远你,从而减少你的合作力量,凭空地增加你的管理阻力。

● **善待:照顾好员工,就等于照顾好你自己**

唐朝皇帝李世民有一句广为流传的治国之方:"水能载舟,亦能覆舟。"他的意思是说要善待百姓,不然老百姓就可能造反,小人物的能量不可小视。言外之意,他认为皇帝再牛,小命也是在百姓的手中攥着的。

对公司的各级负责人来说,道理又何尝不是如此呢?工作在最底层的默默无闻、勤劳奉献的员工就是团队之水,而从上至下的管理干部,就是团队之舟。

若管理者离开了水也就是员工,便会寸步难行。换而言之,脱离了员工的支持,再优秀的干部,再强悍的商业领袖,也只能是卖弄理论的口技专家,根本没有存在的价值。请相信这一点,如果你总以为这个团队是靠你才得以发展的,并因此轻视或冷漠对待手下的话,你离翻船的日子也就不远了。

作为一名公司的领导者,不管你是老板还是经理,是股东还是一个普通小

组的带头人,你都要善待身边的每一名下属。

怎样才叫善待?

如果你想让员工为你忠心地工作,首先,你要对他们亲切友善,关怀并富有同情心,让员工感到老板有人情味,尤其是对于那些犯了错误的员工。他们在工作中出了差错,这时你劈头盖脸地骂一顿或者责怪抱怨都不是最好的解决方法,重要的是找到出错的真正原因,尽量设身处地地去思考这个问题,和员工一起找出原因所在,然后共同解决。如此一来,他不但感激你,还会更加卖力地工作;对待那些有突出表现的员工,你要及时给予鼓励或者奖赏。其次,管理者在平时不要忽略了语言的妙用,比如那些可以更好地感谢他们的言语,在鼓励员工和宽容他们的错误时,使用恰当的言语,会更好地使其改正错误,从而做到尊重每一位员工的人格,不让他们在心理上受到伤害。

当你能够做到以上这些时,就证明你是一个拥有高尚品质的领导者。在你这里,员工获得足够的尊重,他们就能更好地为你的公司或部门忠心地工作,为你的团队创造更多的效益,还不会轻易地背叛,对于团队管理者来说,这实在是一举多得的好事。

致命的领导错误

- **拒绝承担个人责任的错误**

在一次管理课堂上,我讲了这样一则短故事。

> 一位家庭主妇给客人端上米饭,客人称赞说:"这米饭真香!"主妇兴奋地告诉客人:"是我做的。"客人吃了一口,又问:"怎么煳了?"主妇的脸色骤变,赶紧解释道:"是孩子他奶奶烧的火。"客人又吃了一口:"还有沙子!"主妇又答:"是孩子他姑淘的米。"

这是最为致命的领导错误。管理者如果想发挥最佳的管理效能,个人应当勇于负责。

假如有一天,你的上司或你检查本部门的工作时,对员工很不满意(他确实犯了一些错误),这时请切勿怪罪该员工,因为最大的错误通常是你自己造成的——你负有不可推卸的管理责任。你首先要承担自己的责任,然后根据制度处分出错的员工,而且不要说这是你的上司要你这么做的,因为你才是他的主管。你可以指出某一条具体规定,详细说明他错在什么地方,并同时承认自己的失误,表明你和他共同来承担责任的态度。

要记住，部下的错误，有时就是领导者自身的错误。

李嘉诚是一个非常宽厚的商人，也十分体谅部下的难处。

多年的经商经验让他深知，经营企业绝非易事，犯错是常有的事情。只要在工作上出现错误，李嘉诚往往会带头做检讨，将责任全部揽在自己身上，尽量不给部下留失败的阴影。他时常说："员工犯错误，领导者要承担大部分的责任，甚至是全部的责任，员工的错误就是公司的错误，也就是领导者犯下的错误。"而李嘉诚之所以能主动承担员工的错误，与小时候在舅舅家那段打工经历是分不开的。

初到香港的李嘉诚，先是在舅舅家的钟表公司工作。少年时的他就非常好强，做事情总是想着如何超越他人，因为他不想落在别人的后面。自从进入钟表公司，李嘉诚就非常勤奋，在别人休息时也在学习与钟表相关的知识。他还自己认了一个师傅，只要有不懂的问题就去请教。师傅觉得李嘉诚非常聪明，而且很好学，就非常愿意帮他。

一次，李嘉诚趁师傅不在时，动手修手表，但他毕竟欠缺经验，不仅没有修好，反而一不小心摔坏了手表。见此情景，李嘉诚知道自己闯了大祸，他不但赔不起手表，还有可能丢掉这份工作。

师傅得知李嘉诚把手表摔坏后，没有骂他，只是告诉他下次不要再犯类似的错误了。师傅主动承担了责任，向李嘉诚的舅舅解释说是因为自己疏忽把手表掉在地上了，要求给自己处分，根本没有提及李嘉诚。

这件事情让李嘉诚终生难忘，本来是自己的错误却让师傅承担了下来，他觉得非常过意不去，就向他道谢。结果师傅告诉他："无论以后做什么工作，作为领导者就应该为自己的属下承担责任，部下的错就是领导者的错误,领导者应该负起这个责任。"虽然当时的李嘉诚年纪尚小,根本没有完全领会师傅的意思,但是他记住了师傅的一句话:主动为部下承担过失的领导者,才是一个好的领导者。

现实中,当团队出现了问题以后,我们经常会听到这样的一些话:
(1)我以为会怎样呢!
(2)我以为他会做好的!结果没有!
(3)都是谁谁谁不对,我已经给他处分了。
(4)都怨谁谁谁,他不该这样做!
(5)都是谁谁谁的错,他没有认真去做!
(6)我没想到会这样,不是我的错!
(7)谁想到会出事呢?

当需要处分某位出错的员工时,我们也常会听到这位员工的主管讲:"哎,小刘,不是我要处理你,这是老板的意思,他非要这么做,我也没办法。"听起来,这好像全是老板的错,与自己没有半点关系。结果会怎样?是你在向手下暗示:之所以会出问题,是老板领导无方,你和我都没有责任。于是,员工在自己的潜意识中也会不由自主地认为:哦,原来我的行为是没错的,只不过不讨老板喜欢罢了。这对于他改正错误,没有一点好处。将来他还会犯相同的错误,说不定还会更加严重,直到整个团队的工作氛围全被打乱,员工渐渐变得不胜任——因为他错过了你帮他改正、与他一起面对问题的最佳时机。

请记住,当你和你的属下出现错误时,作为这个团队的主管,你就应该负起全责,所以一定要对自己的上司说:"这是我的错。"同时,要尽可能与下属共同承担责任,并要与他一起找解决的方法。

这么做的目的其实很简单,我们是为了让事情有一个明确的结果,将错事彻底厘清——找出方法,总结教训,汲取经验,提升工作能力,面对工作中的失误,而并不是要指责和惩罚哪一个具体的人。所以不要做总是在辩解的团队带头人,因为一个有效的管理者,他一定会肩负起自己的责任,并对事情的结果勇敢地负责。

● **没有培育胜任的人才**

一个合格的管理者,他必须做到这一点:当他不在时,业务仍然能够有效地进行。如果你不能做到这一点,说明你忽略了自己的一项重大责任,替团队培育胜任的人才。

对于一名经理人或部门负责人的最大考验,不在于他自己在具体业务方面的工作能力,而在于他不在时员工的工作成效。因为一名员工有70%以上的培训需要靠他的直接上司来完成,而不是依靠人力资源部门。部门主管负责的是最为重要的专业指导,人力资源部门通常只是做一些基本的教导与培训。

部门主管工作的一个重要组成部分,是他把与本部门工作相关的知识和经验,无条件地传授给他的属下,而且,他也正是通过这种方式来不断地提高团队当中的个人和集体的能力的。他需要不断学习,并且把自己的知识和经验向下灌输,提升团队的整体能力。这是他要获取成就的重要来源,同时也是他在未来的工作中能够引以为荣的一项重要资本。

这恰恰就是培训的意义所在,那些只喜欢发号施令的管理者与擅长循循善诱的部门负责人之间的差距,就在此。一名优秀的领导者就像是引导者,与下属的每一次会面他都能看成是一次很好的指导机会,并且善于抓住一切机会,让下属的能力得到提升。

对下属的培训很难吗?有个主管向我诉苦:"赵老师,我没有这么多精力,培养一个人太麻烦了。"真的是这样吗?据我所知,最成功的培训,不一定要花费过多的精力和大量的时间,因为团队内部的培训可以随时随地随人随事地开展,我们称之为机会教育。就像一个好学生,他80%的学习都是在教室之外进行的。我认为每一位团队主管,都要让自己成为一名教师,教会员工在教室外学习的能力,并在工作中给他们所需要的学习工具。

一个主管每天必须做的工作，就是要花一定的时间在自己手下的培训上。你的手下不进步，你的团队就不会有什么美好的前景。培养员工让他们更胜任，这是一件急不得但却很重要的工作。不管什么时候，衡量一支团队成功的重要标准，都有一项：看他们的成员是否能进行高效的学习，是否可以在这里获得能力上的提升而不是毫无进步。

● **只想控制工作的成果**

在一个部门内，如果你仅仅是试图控制工作的成果，眼睛只盯着最后的结果，而不试图影响员工的思想，去引导他们做他们应该干的事情，那么，这也是一项不容忽视的管理失误。人性因素是永远不可置之一旁的，任何一个经理人都需要去了解人的内心，即每名员工的心理，把握他们的思想动向，明白他们是怎么想的。而且，你要正确应对，采取恰当的措施，和他们实现心灵上的沟通。

"不要告诉我过程，我对那没有兴趣，我只要结果。"

"我不管你用什么方法，这件事必须办成！"

这样的话虽然说起来气势十足，但效果却非常差，这常是最失败的管理者才会讲的话。

若你如此想，结果可能是假的和空的。因为你要的结果可能是手下用不好的方法得来的。结果是不但不能让你满意，很可能还会给将来带来恶果——损害了其他部门或同行的利益，比如有违商业道德、侵犯公司规章制度、违法犯罪等。

对一支团队或一家公司来讲，经历许多年的历史才能培养一点点良好的传统，许多年的传统才能培育出一点点并不牢固的团队文化。如果因为你的不负责任，放任手下不择手段达到目的，破坏了这一切，你的罪责将远远超过那些做错了事的员工。所以，你需要让你的属下养成很多好习惯，因为这么做不但提升了工作技能，还可因此共同建立起一种优良的工作文化。

1. 我们不能只关心员工的工作成果，而不考虑这个成果是用什么方法得来的。不好的方法一定会损害你属下的思想，伤害同事或公司的利益，甚至损害整个行业的利益，还会损害你的管理权威。

2. 别只让你的手下做事，而却不告诉他们为什么。长此以往，不会有什么好的结果。手下的思想需要你的引导和启发，并规范他们的行为，提升其品位。要让手下养成正确的做事思想，因为只有这样才能真正完成目标和达到你想要的结果。

● **喜欢附和错误的一方**

一般而言团队内部是很讲忠诚的，比如下级对上司要忠诚，服从命令。但这并不意味着你必须一直附和领导的意见或观点。当你在员工面前表现得总是去依从错误的上司时，他们对你的态度除了鄙视，恐怕还有失望。他们会想：我跟着这样的管理者，会有前途吗？他会不会为了自己的利益，不顾是非出卖我！

团队主管的价值之一，就是他必须能够给自己的直接上司提出问题，同时给出解决问题的方法。他需要辅佐上级，但不可以永远地附和。如果你总是无条件地听从上级的意见，说明你在这个位置上根本没有价值。一个聪明的领导，最终是不会重用你的。说白了，你可以大玩攀龙附凤之术，赢得暂时的立足，但从长远看，你失去的会更多，上下都不容你，结果只能是悻悻地离开，另寻他处。

不过，一个喜欢对领导的错误提出意见的人，也不见得就能"赢得制高点"。有时候，即便你要指出错误，纠正领导的谬误，也要注意提意见的场合、说话方式和态度。尤其要注意的是，在给出你的意见前，不要先下结论，要三思而行。

不可以讲的话：

"你说得不对!"

"这样做会出问题的!"

"这个方案不好!"

"解决问题的正确方法是……"

"只有这样做才对!"

可以讲的话：

"我担心这样做会不会出……问题。"

"这样做您看行吗?"

"如果……做，您看这样会不会好一些?"

"我还有另一个想法，不知是否可行?"

虽然在表达同样的意思、传递相同的信息，但后者明显比前者更容易让自己的上司接受，因为你采取的是沟通与商议的态度，语气平缓、柔和，避免了对抗。这样你就能既指出了领导的错误，在员工面前树立了好的形象，又不会激怒自己的上司，给自己挖坑。

● 管理僵硬：对每个人采取同一种管理方式

每个人的性格不同，表现各异，在职场当然也是如此。如果你看不到这一点，总试图以同样的方式去管理每一名属下，那么你一定无法取得成功。一个好的部门主管，通常能熟练掌握员工的个性差异，了解他们的优点及弱点，从而采取因材施教的办法，量体裁衣，对手下灵活管理，从而能够说服大多数人，建立威望。

在这个世界上，你不会找到性格完全相同的两个人。有的人好动，有的人好静；有的人粗心，有的人细心；有的人少言寡语，有的人唠唠叨叨；有的人

很有耐心，有的人没有耐心；有的人喜欢权利，有的人喜欢金钱；有的人心胸开阔，有的人心胸狭窄；有的人喜欢向上爬，有的人则习惯于服从，即喜欢被领导着去做事。

也就是说，我们用人必须取之长。要取之长，你作为主管平时就得仔细地观察他们，多留意部属们的各种表现，比如性格、行为、动作、语言、思想以及他们是如何处理人际关系的。然后根据每个人不同的特点，尽最大的可能安排与之相适应的工作，同时用具有针对性的管理策略，在遵照大原则和团队共同规则的基础上，灵活对待，方能成功。

● 忘记了利润对于团队的重要性

公司是要赚钱的，不是慈善机构。你作为一名主管、经理、小组长甚至最高层的股东或老板，最重要的任务是什么？就是让公司盈利，所以至少你应极力地防止利润下滑。你需要告诉员工，并让他们清晰地了解到业务活动与公司盈亏的关联，他们才愿意努力提高效能，才能将自己的利益融入团体利益之中。

但是恰恰有一些做领导的，经常忽视这个根本原则。他们平时喜欢谈理想、讲未来，总是一厢情愿地将内心的愿景灌输给手下，并带着他们一起去实现。等到了无可挽回时才发现，一切都美好，可就是没赚到什么钱。这样的团队带头人为数不少，我在美国和国内，都见过许多。我称他们为理想主义者，就像你让一名艺术家去开画廊，他可能最关心的是一幅画是不是够美、是不是符合自己内心追求的艺术标准，而不是它能卖多少钱。事实也如此，我见过许多画廊倒闭，都是因为它们的老板是优秀的画家，却不是合格的商人。

说到底，公司的利润取决于产品销售额和所有成本之差。其实道理很简单，作为各部门的主管人员，他们应该致力于合理、充分使用团队的各种资源，尽可能地降低成本，杜绝一切浪费，并追求最大收益，因为这是团队成长的基础，也是每个成员价值得以体现的最大保证，除此之外，别无他途。在这个过程中，任何一点纰漏都会凭空增加成本，比如一个错误的决策、一些长期存在的不良习惯、不合理的流程、各种不统一的标准等等因素。

在这里，我说一下团队主管的四大职责：

（1）为老板创造利润；

（2）为社会谋求就业；

（3）为员工谋求福利；

（4）为消费者谋求品质。

公司没有利润，它就无法生存，利润是一家公司的命脉，当你接手一个部门或一家公司时，请一定再次对自己强调这一点，并将它当作最高信仰。

● 只专注于业务问题，却忽视了管理工作

我知道不少经理人，他们总是太过专注于具体的业务问题，以至于完全迷失了自己本职工作的目标：我应该做好管理，而不是从事具体业务。一个好的管理者，他应该在自己及他人遇到问题时，不忘自己的主要目标是什么。

无论你是什么出身，当你处在管理岗位时，你就不能只做你愿意做和擅长做的事。有些事虽然不是你的乐趣所在，你也要兢兢业业地去把它做好。一支团队主管，他必须时刻提醒自己，自己要做的是纵观全局，带领团队向工作的总目标迈进。

● 只是员工的工作伙伴

如果你只想和员工成为工作搭档和伙伴，除此别无其他想法，那我告诉你，你等于不谙管理之道。团队主管的职责，除了管理工作之外，还要深层次地去管理手下的生活及内心状态。

1. 平时要注意观察属下的情绪

员工的情绪会直接影响到工作成效，对他们不仅需要在工作中进行监督和指导，还需要在生活上进行关怀。帮助员工快乐地生活，是主管的职责之一。

《孙子兵法》中就说:"视卒如婴儿,故可与之赴深溪;视卒如爱子,故可与之俱死。"几千年的智慧了,但是今天的不少企业领导人还是不懂这个道理,经常犯粗暴对待员工的错误。

一个合格的管理者应该勤于观察手下是否有异常的非工作行为,比如哪些情绪不对劲,是沮丧还是自负,然后采取适当的措施(像心理辅导等),建立良好的沟通管理,让员工的心声有畅快倾诉的对象。

2. 你需要改善他们的工作环境和条件,并将你的管理知识和经验传授给他们

平时,只要情况允许,就应该多让员工参与你的决策工作。而且在紧张的工作中,千万记住,不要把他们累垮,不要将加班当成家常便饭。在工作之余,鼓励他们到外面吃午饭、喝喝午茶、呼吸一下新鲜空气,而且一些休闲活动可以叫上他们一起参加。当然了,也决不能让你的团队中出现闲得发慌的人。

3. 管理者切记不要在下属面前摆出一副"我很累、很紧张"的样子,以免将不良情绪传染给他们

不少老板一进公司,就喜欢摆着一张臭脸,尤其是我国企业的一些管理者。他们觉得自己这样,就能给员工一定的压力和震慑,让他们卖力工作。

其实不然,效果往往适得其反。老板脸色不好,情绪不佳,员工本来放松的工作状态反而遭到了破坏。大家在紧张之余,会一直想:是不是我做错了什么?会遭到惩罚吗?忐忑不安之下,工作效率就会大受影响。

4. 你需要从细微之处做起

我们可以制定一些对于员工表示关心的具体措施,比如当一名新员工到岗时,由经理以上的领导为他们做入职介绍;当员工生病时,你可以亲自为他准备病号餐、联系就医、到家探视、电话慰问等;当你对员工说话时,可以先询问对方是否能够接受自己的语气。再比如,当公司晚上加班的时候,主管可以问候一下加班人员吃饭了没有,要不要去买点东西吃,加完班怎么回家,需不需要找车，等等。真正的关心，往往来自细微之处，而不是几句大而无用的空话。

5. 关心员工工作能力的提升

员工出来工作的目的，除了要保证生存所需外，还希望能学到东西，求得职业发展。每个人的心中都有一个关于事业的梦想，这一点你必须清楚，然后正视。所以，当一名员工在工作中犯错时，他们最想得到的其实不是避免批评，而是希望有人能立即给他指出来，实质性地帮助他进步，改善工作，让他在职业生涯中能有所收获。如果你对他们的工作过程漠不关心，只追问结果，拿他们当提供利润的工具，利用完了扔一边了事，那么员工是很难对公司保持忠诚度的。

● 没有订立工作和行为的明确标准

如果你不订立相应的规则和标准，却强制性地或随心所欲地要求他们必须完成什么工作，那么管理将会陷入一团混乱。因此你需要归纳和妥善地订立行为、工作标准，并坦诚地与手下沟通，使他们每个人都乐意遵守工作标准，那么团队的业务就一定会日趋发展，你的管理工作也会更加顺手。

标准象征着一家公司的品质，这也是团队的尊严和誓约。如果管理者的要求模糊，从成员那里得到的回应亦会模糊。如果你要求的只是那么一点点，那就别指望得到更多。请勿惊讶于你从员工那里得到的是那么少，因为你当初要求的就只有这么多，怪就怪你自己，而不能一味地责怨你的员工。

● 没有对下属进行训练

团队管理者面临的两大挑战是：你需要不断地促使员工达成规定水准以上的绩效，然后督促他们持续不断地保持这种绩效水准。如果你想让自己的属下达成标准以上的绩效，那么你必须让他们养成忠实地执行命令和严格遵守各项规定的好习惯。想想看，你做到了没有？

怎样培养员工良好的工作习惯呢？下面这些办法，是经常被管理者忽视的：

形式化：每一个人都必须按照事先规定的形式去做，而不是随心所欲。

行事化：当形式化认真地持续一段时间后，就逐渐演变成行事化了，员工需要为做事而做事。

习惯化：当行事化行为持续一段时间后，每个人就会养成一个做事情的好习惯，团队的执行力也就有了保障。

● 一味地宽恕那些不能胜任的员工

你要知道，"有效的对立"其实不是加剧团队空气紧张的罪源，而是一种管理技巧。当某人的行为出现问题时，你想去矫正，就应立刻告诉他，批评之后，再鼓励对方积极采取比较正确的行为。而当这名员工实在不能胜任时，你就不能宽恕，否则就等于纵容。

遗憾的是，许多管理者难以做到，他们总是在比谁的"狭隘的爱"最多。他们在无形中纵容了不胜任的员工，原因是这人身上有让自己认为的优点。于是，他冤枉地做了一名滥好人，最后造成了工作上的失误，影响了公司的整体利益，也没有获得对方的感恩。因为一个不能胜任工作的人，就算他被格外开恩留在这里，也是不会感激那个施恩者的。

团队有其组织伦理，其中很重要的一条就是：要当员工的上司，而不是他的哥们。在一支团队中，任何人都不能破坏规矩，如果有人违反了规矩而你不做处理，这本身就是在破坏规矩，是非常要不得的。

在这里，你很有必要了解一下破窗理论：环境具有强烈的暗示性和诱导性，我们必须立刻修补好第一扇被打碎玻璃的窗户，否则，会有更多的玻璃被打破。在组织中，制度第一，感情第二。一个只讲情理不讲规则的管理者，他本身也在逐渐变得不胜任。要知道,一个所有的人都能够做到基本胜任的组织,它的效率和效果要远远地高于只有几个人胜任或超胜任的组织。

而且,当你宽恕那些平庸者和犯错的手下时,对于能胜任和工作努力的员工,则是一种不公平。纵容不胜任者就是在制造不公平,你的部属通常不怕苦、不怕累,但他们就怕不公平。

● 只知道赞赏绩效最优的员工

只要你的员工达到相应的工作目标,哪怕有些不如意之处,你也应该及时给予赞赏和鼓励,而不应只表扬那些做得最好的人。只要他们的绩效适当,有一定的贡献,便应该给予嘉奖,当他们再次达到新目标时,就给他更多的嘉奖。

> 有两名保龄球教练分别训练各自的队员。他们的队员都是一球打倒了7只瓶。教练甲对自己的队员说:"很好!打倒了7只。"他的队员听了教练的赞扬很受鼓舞,心里想,下次一定再加把劲儿,把剩下的3只也打倒。教练乙则经常对他的队员说:"怎么搞的!还有3只没打倒。"队员听了教练的指责,心里很不服气,暗想,你咋就看不见我已经打倒的那7只呢?结果,教练甲训练出来的队员成绩不断上升,教练乙训练的队员却打得一次不如一次。

像教练乙这样的主管,现在到底有多少?他们很像一些学校的老师,只关心尖子生和优等生,对于中游以下的学生(哪怕他们学习刻苦)也不闻不问,冷眼相视。功利的管理态度,会在团队内部制造另一种不公平——那就是绩效歧视。

● 试图去操纵员工,这是最不可原谅的错误

美国管理学家泰罗有一句名言:"为了提高效率,上级只保留处理例外和非

常规事件的决定权，例行和常规的权力均由部下分享。"身为经理人或部门主管，许多人常犯的一个错误就是，他们采取了一个拙劣的方法——为了工作效率，不停地强化控制，使职工觉得自己受到了操纵，从而产生极为不利的影响。

管理者如果把自己当作团队的监工，往往就会独揽大权，并把所有的员工都看成是为自己服务的，像是在看家，而不是在公司共事。这样的上司，恐怕永远都成不了一名好的管理者。因此一个高明的管理者，他首先要明白一点：我的工作是在管理，而不是专制。所以他必须学会分权与授权，想办法激发员工的主观能动性，从而提升他们独立处理工作上事务的能力，鼓励他们大胆去做。只有让员工感到自己是主人的团队，才会有强大的竞争力。如果你把员工当木偶，员工早晚会把你当作暴虐的商纣王和隋炀帝。

扮好三角色：老师、兄长、朋友

我在具体的管理工作中，始终会对自己的角色有一个明确的目标定位，因为我知道管理者的目标定位是团队管理工作的基础，一个好的管理者，必须像"变形金刚"那样，哪里需要他，就要在哪里出现，并且是以不同的形式出现，扮演各种角色。其中最重要的就是三种角色。

● **循循善诱的老师**

管理者在团队中需要扮演好的第一个角色，我认为是善于引导的老师，而不是疑难问题的解答者。

为什么这样说呢？假如我现在问你几点了，你会怎样回答我？恐怕会有超过 99% 的人，会看看表再告诉我一个准确的时间，十点了，或者下午五点。而不会有人问我："你为什么没有手表呢？为什么不去买一个挂钟呢？这样就能自己随时掌握时间。"这就是两者的区别，同样也存在两种管理方法：前者第一时间给你解决问题，告诉你答案；后者引导你自己解决问题，从此不需要再去问别人答案。

聪明的团队主管，擅长启发有问题的人自己去寻找解决问题的途径，逐渐提高解决问题的能力。在团队中，他们就像一位传道授业解惑的老师，希望用一定的时间，逐渐提升员工的独立工作能力，而不是当他们的保姆或者自动解读机——这样不但很累，对团队来说也很危险。

我刚进入 CVS Caremark 公司时，没什么经验，尤其是对公司的情况不太熟悉。有一次我遇到了一个工作难题，一时想不出什么好的办法，就去找当时的行政部总监。我把事情陈述了一遍，就问他："您看我应该怎么办呢？"

实际上，这是很平常的一件事，在其他公司也常会遇到，新人初来乍到，对做事的程序不太熟悉，就需要询问公司的老人。但是总监先生并没直接回答我。他看了我一会儿，就反问我："你觉得应该怎么办呢？"我当时有点蒙，心想："我跑来问你，正是因为我不知道该怎么办，你怎么把我给顶回来了呢？"我只好如实回答："正因为我不知道该如何，才来征求您的意见。"他还是那副表情，让我回去好好想一想，等实在想不出来，再来找他商量。注意，他用的词是"商量"，而不是让我找他问"答案"。

起初我很生气，心想："这家公司怎么会有如此让人气愤的总监呢？我找他帮忙，他就这样把我打发回来了。这件事情对他来说，肯定很简单，直接告诉我答案不就完了吗？"但他却没有那么做。无奈之下，我只好自己想办法，结果还真想出来了一个方案，针对该公司的现状，我做了一份行政管理的动态分析报告。

第二天，我把我想出来的方案对他讲了一遍，然后征求他的意见。结果他听完又是一句："就这一个办法？"得到我肯定的答复后，他又来了句，"回去再想一想，我们公司的行政人员不可能只用一把刀子去切蛋糕，你再多想几个方案。"

没有别的选择，我只好再回去仔细地琢磨，不断地逼自己，挖掘自己的潜能，结果还真的发现有更多的解决问题的办法和思路。当时我就在想，原来我竟然可以自己做到，而不只是从上司那里接受一个命令回来执行。当我拿着五个备选方案再度找到他时，他很认真地接待了我，听了我的思路，又帮我分析了这些不同方案的优点和缺点。

最后他对我说："赵，我只是在帮你分析利弊，具体采用哪一个方案，还要由你自己来决定，我不替你拿主意。这就是为什么你第一次、第二次来找我，我没有马上告诉你答案的原因，因为 CVS Caremark 公司找你来，不是让我告诉你应该怎么办的，而是要你来告诉我该怎么办。"

这次经历对我产生了强烈的心理冲击，因为我了解人的本性，每个人都想在自己擅长的领域表现自己，对自己的强项都有想展示的冲动，就算他是一个谦虚内向的人也不例外，何况是那些位居高职掌握权柄的管理者呢？也正因为如此，国内很多主管负责人都喜欢显示自己解决问题的能力，通过展现这种能力来换取成就感，毫不考虑下属的成长。他们觉得，我就应该把自己的能力展现出来，言外之意，这个问题除了我能解决之外，你们这些干活的都不行，只有我能解决，给你答案。

当然了，这样做可以使问题在最短的时间内得以解决，员工第一时间在你这里得到了答案，回去一试果然奏效，工作很快就有了成果。

可结果呢？当员工再次出现问题时，他还是不知道该怎么办，只好又跑来求助上司，久而久之就形成了一种可怕的习惯以及一种不良的团队风气：员工遇到难题找领导。你要知道，管理者解决一个部下的问题很容易，时间也宽裕，看上去似乎很轻松，但是有十个这样的员工怎么办呢？那时这个上司就成了焦头烂额的救火队员了。

这跟溺爱孩子的家长是一样的，许多小孩子虽说长大了可他们却什么也不会做，责任不在孩子，是他们的家长没有给他们锻炼的机会，从小到大，什么事情都是别人包办的，大事小事家长皆伸手代劳，好像孩子只是一个宠物，不需要思考。长此以往，家长累，孩子傻。员工和孩子一样，既需要照顾——增强他们的信心，又需要锻炼——锤炼他们独立解决问题的能力。所以在跨国公司里面，衡量一个管理者有没有本事，不是看他自己能不能解决问题，而是看他能不能教会部下解决问题的方法，让部下具备解决问题的能力，这是一个极为重要的问题。

我们要明白，员工的职责并非坐在那里等着你给他安排工作，告诉他结果，也不是你这个上司说怎么办就能怎么办。否则的话，一支团队中将充斥着只有

躯壳没有脑袋、没有主动性和积极性、不会思考的行尸走肉。对管理者来说，这很累；对员工而言，他们没有前途；对整个团队来说，则是一种不幸。

就像我在前面提到的买钟思维，就是要教会员工做事情时独立思考问题的方法，而不是直接给他们答案。在CVS Caremark公司里，始终存在这样一条原则，它时刻会提示员工自己掌握的"时间"而不是问别人，这样的管理者才是真正胜任的。后来，我始终坚持和贯彻这个理念，同一个问题，我教会了他如何思考，那就基本上做到了一劳永逸，他就不会再找我问第二次了。

许多团队主管不想做老师的原因，是因为这样做代价比较大，比如明明5分钟就能说清楚的事情，如果去引导员工自主思考，有时却要花费好几天的时间，而且还要经历一个复杂的过程。所以他们宁可直接给出答案让员工去执行，也不愿意消耗自己的精力。但是从长远看，收获却是巨大的，因为员工的思维方式和工作方法慢慢地就向好的方面发展，他会逐渐改掉过去只会问问题的坏毛病，如此一来组织效率也提高了，从而给管理者实施无为而治创造了很好的基础。这才是一个好的管理者应该做的事，当老师可不是做呵护孩子的父母。

记住，管理者需要启发部下去找到解决问题的途径和方法，而不只是简单地告诉部下该如何去做。

● 分享知识的兄长

管理者需要将自己的知识和技能与下属分享，促进他们的进步。他既要懂得怎样引导员工自主思考，还要明白主动分享经验的重要性。如果能把你学会的东西、把你掌握的知识和技能手把手地教会别人，你就是一个好的上司，这是你应该扮演的第二个角色。

我在CVS Caremark时，始终在鼓励这种行为，所以我的属下晋升得特别快，他们甚至有的人后来都超过了我的成就，成为公司里非常重要的角色。在这里的经历，让我习惯了毫无保留地跟别人分享我们的知识和经验。在离开CVS Caremark公司以后，我为国内的企业做过很多管理咨询项目，客户最后都发出感慨，认为我与其他的管理培训顾问最大的区别，就是我对于所有的问题都是有问必答，只要是我知道的，我都会倾囊相授，告诉他们这是怎么回事，将我的所见所闻，全部输送回国内的公司。

一个合格的管理者，他应该具备把普通人变成训练有素的优秀员工和专业人士的能力。当然了，这种分享知识的背后，要有一个价值观的认同和公司制度上的保障，即一家公司中应该有一定的共享人性善的价值观，让分享知识者得到应有的回报——不会出现教会了徒弟，却把师傅饿死的现象。只有这样，管理者才愿意跟下属分享知识，帮助公司培养更多的优秀人才。

● **表现到位的朋友**

有一位公司老总告诉我，他去年招了一名很有潜质的员工小牛。小牛毕业于名牌大学，为人谦虚，工作起来干劲十足，来到公司两个月的时间，就完全胜任了工作，对于业务的开展很有想法。这名老总对他非常重视，觉得这个人值得培养，平时免不了就给他开些小灶，有事没事就带他出去吃饭，生活上也很关心，就像朋友一样，还借给他一笔钱解决家庭遇到的困难。

他本以为自己这样做，能激起小牛更大的干劲，努力给公司创造更高的效益，在机会合适的时候，就提拔他当部门经理，赋予他更大的权利。但令他没想到的是，没过多久小牛就像变了一个人似的，工作态度松弛了很多，不再像以前那样拼命努力了，反而在公司有了一种优越感，私下跟同事聊天的时候，总强调自己跟老板的关系有多么亲密，渐渐地在公司就有了不少传闻。这位老总得知后，非常生气，把小牛叫过来训斥了一顿，不久就把他辞退了。

他困惑的是：如果你是一家公司的部门主管，你会跟属下做朋友吗？这是一个答案很多却难有公论的问题。不少做老板的都有同感，和下属距离远了，他们说你不近人情；距离太近，拿他们当朋友，又怕出现"近之则不恭"的情况。

在这里，涉及的其实是管理者应该扮演的第三种角色，如何关心员工才算到位。我们可以做他的朋友，但一定要保持合适的距离，即在不降低自己管理

权威的基础上,在某些时段或某些问题上,成为自己属下的朋友,而不是不分公私,靠得太近。那样,你将会让自己的员工迷失定位,给他一种受照顾和偏爱的错觉。由此造成的后果,应该由你自己来承担,而不是一股脑儿地推给手下。

另外,管理者在与手下做朋友的前提下,当手下的工作出现问题时,应该毫不客气地指出来。有时候,你需要演一个恶狠狠的角色,哪怕你是装出来的。

TEAM

CHAPTER FOUR
制衡与分享

>>> 避免成员建立自己的小圈子
>>> "庸者"制约，"能人"重用
>>> 不追求尽善尽美的平衡
>>> 分享利益才能创造更多利益

避免成员建立自己的小圈子

没有一家公司能够避免小圈子的现象,这是一张以权力为轴心编织的关系网,在当今的团队内部普遍存在。为了私人利益相互勾结、相互利用,这既是成员之间小圈子形成的原因,也是这种现象不断强化的动力。

小圈子有两种形式:

第一,由内到外的利益延伸型圈子。

这种类型的圈子通常会先出现在组织的内部,接着围绕着权力的轴心而逐渐层级展开一个同心圆,形成核心利益圈,然后逐渐扩散蔓延到组织外部。

第二,由外向内的利益参与型圈子。

在权力中心的外面,人们纷纷往里挤,形形色色的人为了达到个人目的,不断向掌握了核心权力的人大献殷勤,逐渐构筑对于领导的包围圈,后者如果抵御不了外在的诱惑,便会与拉拢腐蚀者形成合流,一个由外向内的小圈子也就产生了。

不管是公司还是事业单位,团队都是利益的集合体,成员很容易为了共同的利益而聚集到一起。如果成员相互勾结、联盟,势力不断扩大并且与公司的权力中心相对抗,最终必会掀起一场动乱。所以,如果你是一支团队的负责人,就必须杜绝这种小团体的形成。

破除小圈子,从本质上来讲就是破除集合中的利益联盟,建立一种公平、高效、具有凝聚力的领导团队。

　　小圈子最重要的使命首先是维护圈子成员的共同利益，从而尽量避免和减少由于圈子内部某些个别成员的失误或者由外部人员的干涉所造成的损失。所以，一个圈子就像一个小型组织，在每个圈子里，肯定有组织的核心人物，也就是领袖，同样这个圈子里也必须有大家共同遵循的价值观、行为准则和道德规范等。说白了，小圈子在团队中等于国中之国，也相当于在人体内长出的一颗癌瘤。

　　　　在某公司，A小姐和B阿姨是办公室最热络的两个人，她们也是媒体公关主管一职的竞争者。如果不仔细看，她们还是很好的一对朋友。每天中午吃饭时间还没到，就会听见A小姐给B阿姨打电话：亲爱的，去哪里吃饭？或者，B阿姨给A小姐暗号，一起去洗手间，然后一起补妆，一起讨论昨晚的约会。

　　　　后来，A小姐请了病假。由B阿姨负责接手其工作。在A小姐不在的那些日子里，B阿姨几乎完全忘记了A小姐生病的事，在办公室一副女强人的样子，就像变了一个人似的。后来，我才明白，原来她们是在竞争主管的位子。眼看B阿姨升职的机会唾手可得，A小姐突然出现在了办公室，她也变得雷厉风行了，看上去比B阿姨更具竞争力。就在大家纳闷这对宝贝究竟发生了什么矛盾时，我们却收到了一个消息：新的主管下周就到。这个消息让大家似乎都有些意外和束手无策，尤其是A和B两姐妹。在新上司的见面会上，大家都表现得十分积极。

　　　　会议室出奇的安静，上司的自我介绍大家也都听得十分认真。待上司的话音刚落，A小姐抢了先机，主动开始为新上司介绍公司的情况、客户的情况，等等。而B阿姨却十分尴尬地在旁边做着补充。

　　　　再后来，每天中午吃饭前，大家又可以听见A小姐的电话声，只不过电话的另一头是新上司。"一起吃饭吧!"第二个电话,是主管打给B阿姨的:"中午一起吃饭吧,还有A一起!"结果,A和B与新来的上司成了朋友。

这个故事说明了什么?首先,A和B是竞争者,她们之间存在利益冲突,在她们没有意识到的时候,她们组成了一个二人的小圈子。其次,当她们发现并开始竞争时,这个小圈子迅速分裂,朝着敌人和对手的方向演化。最后,当竞争结束时,她们纷纷与更高阶位的领导结成了同盟,但领导者更聪明,成功地将她俩同时拉了过来,结成了一个三人阵营,取得了利益上的一致。这就是圈子的本质,一切为了利益,从团队利益的内部,最大化地收割和保卫自己的利益。

一个处在团队内部的小圈子,它自身有一些特别鲜明的特点,主要表现在:

1. 强大的凝聚力

小圈子的成员,具有共同的情感,这是毋庸置疑的。在利益的基础上,他们彼此的情感较密切,互相依赖,互相信任,有时甚至出现不讲原则的现象。所以小圈子的凝聚力往往超过正式团队的凝聚力。

2. 观点与行动的协调性

由于小圈子建立在自愿的基础上,所以成员之间在某些观念和问题上的看法基本是一致的,他们能够在情绪上产生共鸣,行动协调一致,感情也比较融洽,归属感很强。

3. 信息沟通快捷的优势

由于圈子成员之间的感情交往密切频繁,加之成员之间知无不言,通常信息在圈内的传播速度相当快,所以他们对于信息的反应往往具有很大的相似性。

4. 自然而然地会存在一个领导者

小圈子当然不是由于组织的决定而成立的,它虽然没有上级任命的领导,但实际上每个小圈子都有自己的管理者。这个管理者的产生，不像正式组织的公投，是在小圈子的发展过程中自然涌现出来的，但是成员的拥戴程度比较高，号召力也比正式组织的领导者更为强大。

不过，聪明的领导者对于这种现象会有另外一方面的考虑，比如松下幸之助，他对此表达过自己的看法：

"经常有人提到'消除派系'的问题。然而仔细思考一下，我以为有人的地方就有派系。制造派系是人类的本能，我认为该谈的是这种派系现象是好还是坏。既然如此，倒不如肯定派系的存在，然后再考虑如何活用派系。换而言之，与其各个分散，倒不如分成几个较容易管理，办事也较有效率……派系是没有办法消除的，而且有派系也许比没有派系更好。关于如何活用派系，只有靠每个人正确的认识了。"

在一家公司内，管理者既不能创建小圈子，也不能废除它。但是我们可以学会与之共处并对之施加影响。我的观点就是，不管喜不喜欢它，它的存在一定有其合理性。从另一个层面来讲，它起码为员工的社交需求提供了一个可以得到满足的场所。

当然还有些利益需要者的私下交结，这需要你警惕和避免。只不过，想完全消除它纯属一个不可能实现的美梦。它一旦形成，你只能去接受它的存在，不大可能拆散这个小团体，强硬改变只能适得其反。

作为团队主管，我们在理解的同时，也要反思这个小团体的成因，一般来说小团体的形成主要因为以下几种因素：

（1）共同的兴趣和相似的背景是最主要的原因，如他们是在同一所学校毕业的、住得比较近、下班后常有机会一起返家，或者是牌桌上的朋友，等等。

（2）出于工作上的需要，他们相互帮助。

（3）工作量不足，以至于员工有大把的"上班时间"可以挥霍，这时候他们就会三五成群地聚在一起消遣，面对这种现象不能不让人反思；或者由于公司的纪律松弛，工作自由支配度高，员工的自由度也相对较高，容易肆无忌惮

地闲聊,以至于小圈子中培养出了感情。

(4)最致命的原因:公司管理不善,制度方面的不公平引发争议,很容易使权益受损的员工自动靠拢到一起,由于相同的认知从而互相支持。

如果是前两种原因,你大可不必大张旗鼓地站出来反对和压迫,而应给予充分的理解。若基于后两种原因,那么你应该首先从自己身上找原因,它们往往是由于你工作中的不足导致的。如果你能够不断完善制度、加强管理,不久之后,这个小团体就会因为没有可供其滋生的温床而自然消亡。切记,就算是缘于后两种原因形成的小圈子,我们也不应强制拆散这个小团体,而是要通过改善团队的环境,让其自然消亡,或者使其减弱,督促大家将重心放到团队利益上来。

看下面这个反面故事:

在某报业公司及其下属的A刊杂志社这一管理体系中,除去正式的组织团体外,还存在着非正式的团体。该公司的高层大多为同乡,高层惯用同乡充当自己的亲信,而招聘的其他员工则为另一个非正式的团体的成员,于是,自然而然就分为了两个非正式团体——"公司的人"和"外聘的人"。

企业中存在的非正式团体会对员工行为产生不可忽视的影响。如果公司高层的管理者能利用好非正式团体的优点,就可以使企业员工的工作效率事半功倍,反之,则可能使工作效率变得很低。非正式团体的优点有以下几点:1.协助管理工作。2.增加组织的稳定。3.分担领导工作。4.发泄不满情绪。5.制约领导。它的缺点则表现在以下四个方面:1.倾向保守。2.角色冲突。3.滋生谣言。4.不良压力。非正式团体是表现它的优点还是缺点,全看管理者如何对待它,正确对待非正式团体的方法是将它一分为二看待,分清它可能带来的绩效和弊端,分清形势和当前的目标,然后采取一定的管理策略，进行沟通与冲突的管理。

对于A刊杂志社来说，高层领导是报业公司的总经理熊和副总经理猩猩，除此以外还有职位上的上司狐狸和狗。在这四位高层里，只有猩猩和A刊的执行主编猴子关系密切且志同道合，熊和狗同是"公司的人"，狗为熊的亲信，这样高层就分为了三派：猩猩带着猴子为一派；熊带着狗等总公司本土人为一派；狐狸则成为中间派。这种非正式团体的区分既和地域有关，也和他们所担任的职务有关。猩猩和猴子这一派属于业务员，都是搞媒体的，彼此有共同语言，除猩猩之外其他人都是北京人，所以可以称其为"北京帮"；而熊和狗那一派是搞行政管理的，在猩猩等文化人看来不免有些低俗，因此从心理上自然会将其排斥在圈子之外。

在"北京帮"这一非正式团体里，中心人物是猴子，猴子身为A刊内部最高层的管理者，非常好地利用了非正式团体这一组织形式，因而产生了很利于员工提高工作效率的民主管理风气，猴子不让员工称呼他的职务，体现了一种平等、轻松的企业文化，因此，猴子这一中心人物得到了编辑部几乎所有人的拥护，这增强了组织的凝聚力和稳定性。并且，由于这一非正式团体的存在，A刊的员工可以在社内比较自由地发泄对公司高层熊的不满，缓解了一部分工作压力，而当工作时，又可以在自己的小团体里对自己的小团体成员效忠，而不会因为"公司的人"给了压力就消极怠工。

"公司的人"与"北京帮"之间存在的矛盾也因为公司老总熊的不当管理愈演愈烈，很多小事都可以激起员工的不满情绪。比如说，当熊不能公平处理"公司的人"的错误时，就更加让"北京帮"的人生气。一些小事日积月累，终于让两个非正式团体决

裂了，而熊的不当管理，不仅让Ａ刊杂志社陷入管理危机，甚至让整个报业公司都陷入了困境。

如果小圈子的明争暗斗威胁到了团队的生存，你就要想办法清除派系。但当你打算采取行动时，你首先要确定小圈子的核心人物和主流价值观。你应该辨别其中不同层级的态度和行动。

小团体从积极意义上看，可对员工提供心理和价值观上的关怀，但因为不同的小团体对它的成员的行为和观念的影响差别过大，这表现在团队的主流价值观并不一样，所以当我们研究小团体的特色时，就要考虑到这方面的特点。

一个小团体是由具备共同价值观或者思维相近的员工组成的，他们聚在一起，形成了比较统一的价值观和共同的思维模式，反过来又影响和改变着小团体成员原有的价值观。具有积极意义的小团体，他们的内部在互相保证利益的同时，又能共同完成组织交给的工作任务；而具有消极意义的团队却完全不同，他们以利为先，将小团体的利益被放到了最重要的位置上，于是就会阻碍变革，与更高的管理者发生冲突。更有甚者，他们散播不利于公司发展的小道消息。强大的小团体，会试图去左右管理者的决策，想借此让管理者作出有利于小团体利益的决定。这样的内部派系力量，就到了必须清除的地步了。

所以我向来认为，当一名公司主管试图清除派系时，识别这个小团体的核心人物即小圈子的领导人是很重要的，这个人对于小团体起着不可忽视的重大影响，尤其是他的价值观和思维方式，是小团体之魂。你不要天真地以为能成为小团体领导的人一定是思想积极、能力超群的好员工，相反，无数的事实告诉我们，这样的人往往思想消极守旧，敌视管理层。当你发现自己的公司存在这样的小圈子时，如果不加以引导和利用的话，对于组织的健康发展将是极为有害的。

其次，你在采取行动时要考虑到可能产生的种种影响，包括正面的和负面的，尤其需要保证团队的整体利益不受太大的损失或者太过于剧烈的波动。

聪明的管理者都明白，他们的决策如果没有下面一些小团体或小阵营的支持，就不可能达到预想的效果。公司的决策可能对小圈子的利益是一种打击和侵犯，这样一来他们就会消极对待公司的利益，即采用各种办法来阻碍团队决策的实施。因此，我们应充分考虑到这种情况，提前预估极有可能发生的不良影响，然后未雨绸缪通盘考虑后作出决策，消除行动的负面影响，或者在萌芽状态就予以合理的解决。

最后，你要学会用一个公正的平台，去取代团队的小圈子。因为很多公司内部的小圈子，本质上只是一种私利至上的圈子，只维护圈内成员的利益，对待圈外的同事并不公正，甚至会刻意地排斥和打击其他同事。对这种情况的最好处理办法，就是管理者需要搭建一个相对透明的组织平台，制定明确的行为指南，打破这个私人圈子的潜规则对于团队公正性的破坏，将它曝光在阳光底下，让其丧失破坏力。

另外，你作为一个掌握权柄的团队管理人，必须懂得用权力去取代内部的腐败结盟怪圈。强调公开性、流动性、公平性，存优淘劣，以此来制约团队内部私利最大、忽视公利的暗流。打破权力集中是一个非常好的办法，我一直主张管理者要敢于放权，并在团队内部形成一种稳定的权力制衡机制，让每个成员都有渠道表达意见从而对团队发展起到积极作用。这样一来，成员之间就无须用结盟的方式来保护自己的利益，因为根本不需要。

"庸者"制约，"能人"重用

为什么"能人"总会被错误地制约，"庸者"却能在团队内大行其道，呼风唤雨？

我走访过许多国内公司,总能发现这个现象。它可以称为国内企业的痼疾，好像根本无法去除。没有能力的人总是占据了高位，得到好的待遇；能力突出的却往往受排挤。归根结底，造成这种现象的原因是缺乏有效的制度保障。当制度不保护"能人"时，"庸者"就会上位。

能力是一个人立足的基础，具备基本的或者某种优秀的能力，才有可能受到重用。但决定一个员工命运的，却是忠诚，这是一个悖论：平庸的员工会因为忠诚度高而受重用，能力强的员工却有可能因为忠诚度不足而遭到废黜。前者是出于管理者强化控制的需要，后者却是为了避免惨重损失不得已而为之。

这是另一个容易被员工忽视的原因，却被管理者所看重，尤其是国内的管理者。所以，越是能力强的员工，高层就更容易把注意力转移到他们的忠诚度上，也就更不能容忍他们在忠诚度上出现问题。因为能力越强的员工，他们带给公司的利益越大，掌握的公司的情况也就越多，一旦忠诚度出了问题，往往会给公司造成致命的损失。管理者觉得无法驾驭这个人，就会想办法削弱他的权力甚至打压。从人的本性来说，管理者总喜欢提拔那些听话和让他放心的人，既能按自己的意思做事，又不会背叛和窥视自己的位置。

在一次员工的团队精神培训课上，许多人向我提出了这样的疑问。他们愤愤不平，为什么"庸者"总能被重用？为什么他资历不如我却扶摇直上成了我的顶头上司？这也太缺乏公理了，上天真是不公平！我则直言不讳地告诉他们，一个公司的管理往往是权力的控制与制衡，能力强者，看似对公司的贡献很大，但往往对权力高层的领导者和公司的整体运营形成重大威胁，比如副经理会威胁到经理，经理威胁到总经理，总经理威胁到了集团中心，这是一个晋升食物链，下面的人如果太强，就会让上面的人有强烈的危机感，于是他自然就不会让你轻松地爬上去了。这无关团队的公平，而与自身的生存息息相关。

因此你会看到，每个已经处在"能人"位置上的领导者，他们可能在当初没有得志时都在拼命抱怨自己怀才不遇，痛恨那些"庸者"，可一旦他自己得以上位，就会马上变脸，千方百计地来拉拢忠诚于自己但是能力比自己差的下属，来巩固自己的领导地位。此时，他们就从痛恨庸者（当初是竞争对手）变成了喜欢庸者（现在是可信任的下属）。庸人往往非常受欢迎就可以理解了，因为他们不会造成威胁，同时还打着同盟和友人的标志。

- **强者爬到了一定的位置，必会受制约，资历平庸者往往能够迎头赶上**

如果你仔细观察和总结，被制约的"能人"大多具有这么几个特点：
（1）他们与竞争对手的公司接触频繁甚至密切；
（2）工作状况不向主管及老板汇报，产生管理的"盲区"；
（3）工作时间经常忙"私活"；
（4）对于企业目前的经营体制有诸多不满；
（5）不肯接受领导对自己的职务调整；
（6）对公司的不忠已经威胁到公司的发展，这种不忠有可能对公司带来致命的损害。

如果你是管理者，当下属员工突然间不在自己的"控制"范围之内了，视

线出现了模糊、无法触及的情况时,你是不是已经开始对他产生诸多的怀疑了?这是肯定的。假如这个员工能力很强,经常趾高气扬,对公司规章制度有诸多挑剔抱怨,而且与敌对公司频繁接触,那这个员工一定是最先被挥刀砍掉的,因为他威胁到了公司的利益,同时也会威胁到了你的利益。没有一个领导者愿意冒着公司利益被出卖的风险,去留住一个潜在的"叛徒",即使他的能力再强。

到了这时候,平庸但忠诚的员工,就迎来了机会,除非这个团队的制度并不推崇强者与庸者的制衡,只是绝对公正的丛林法则,强者上,庸者下。但我们综观全世界,没有一家公司可以真正做到。

庸者被重用的另一个原因就是:他们可以招之即来,挥之即去,并且不会损害团队的成本。他们在进入人才行列之前,其实都是半成品,也就是说忠诚度足够,但是能力稍显不足。这就是管理者最看重的。能力可以慢慢培养,忠诚度却是个很难形成的东西。

● **怎样让庸人成功地做领导**

庸人之所以能够当上领导,原因之一就是他们具备被重用和当领导的素质。这既是一句废话,同时也是一句实话。庸人有时候虽然做事不行,但能起到相当重要的制衡作用。

对更上一层的团队主管来说,他们值得被赋予管理重任,以忠诚地执行自己的管理目标。

而且,庸人当中也有成功者,其奥妙就在于他们因为自己的做事能力不强,更喜欢重用能力比自己强的下属,让这些能人在各自的专业领域为实现领导制定的目标而努力工作。因为客观地讲,许多事他做不了,硬着头皮去做反而会将局面搞得更糟,不但实现不了公司的目标,还会起到反作用。他知道会发生什么后果,当然就会明智地采取最佳决策:让手下能者替自己去执行具体的工作任务。

于是,就能在工作中形成强强联合、各司其职而且密切配合的良好局面,工作自然就做好了。

那些能者有时反而缺乏这样的胸怀，觉得所有事情自己都能一肩挑，而有能力的新生辈往往因此被埋没了。表面上看，这个领导者的能力很强，事事精通，处处可以挑大梁，实际上他却是不合格的。这种"自我出众"，恰恰是其领导力不足的表现。也就是说，领导者越是"出众"，反而就越缺乏带动、提升和管理一个团体的素质。

说白了就是："没有平庸的员工，只有平庸的管理者。"只有好的管理者手下才出人才，制衡的基础就是管理架构的建立，让庸者和能者都能发挥其适合团队发展的才能。有些管理者常常会发现，在他手里的平庸者，离开他之后到了另一家公司，却大放光彩。

为什么呢？这恰恰是他在管理方面的失败。因为几乎所有的人才都是从庸才起步的，优秀的管理者，应该为每个人都提供足够的发展平台，帮助他们从庸者变成能者。

不追求尽善尽美的平衡

团队管理的核心是权力的相互制衡,而不是将工作分派下去然后等待收获,这一点你应当清楚。许多老板经常对我说:"赵老师,管理难道不是为了提高公司的效益吗?让员工将工作做好,就可以了吧。"道理没错,但如何分派工作,管理进度,还是要归到权力的分配上,总要有人去握住团队的权柄,替你执行这个规划。不管是一家大公司、一个大的部门,还是一个业务小组,都离不开权力的分配与制衡。

不过,制衡说白了只是一种利益上的协调制度,而不是完美的管理框架。

就算制度再完善的公司,其实际情况也可能并不理想,总会出现忽左忽右的症结,原因在于任何制度都无法避免人的因素。

有一种植物叫作艾菊,它原产于欧洲,花色金黄,药用价值极高,于是逐渐被移植到了美国、南美洲和澳大利亚等地。很快人们就吃惊地发现,它对当地的生态环境威胁极大:艾菊繁殖能力极强,迅速侵吞了大量沃土,若局势失控,当地其他植物可能会失去生存的空间;另外,艾菊体内含有吡咯烷生物碱,毒杀了当地不少无辜的牲畜。

当地人一筹莫展,无奈之下向专家寻求良策。专家的建议虽不可思议，但人们还是照做了。很快人们惊喜地发现，霸道强悍的艾菊变得俏丽可爱了，它既能温顺地生长于当地，又能跟其他生物和平相处。

原来专家的良策是引进艾菊的天敌——红蛾和叶甲壳虫。

这两种天敌都以艾菊叶子为食，是相互制约和依存的"冤家"。

这说明制衡须臾不可少，既相互制约又相互依存，即既相克又相生，世界才能和谐。

这个故事所蕴含的哲理，同样适用于改进和完善团队的管理方面。

1. 制衡需要防止绝对的权力对团队的破坏

上面的故事告诉我们，任何时候都不能容忍一家独大，否则善即是恶，再好的植物一旦失去控制，将会变成破坏环境的毒草。法国著名的哲学家孟德斯鸠曾经对国家权力制衡原理说过一句话："绝对的权力，导致绝对的腐败。"同理，在团队运行过程中，绝对的"独断"，终究难以逃过失败的厄运。

我国的企业家现在存在什么问题？我认为一个不可忽视的现象是，许多公司的董事会形同虚设，因为老板大多既是创业者，又是公司目前的所有者和决策者，同时他还有很强的控制欲，喜欢将具体的事务紧紧抓在自己的手中。

公司的经理人或者他的各级员工们再有能力，在他面前也只能俯首帖耳，亦步亦趋，不敢越雷池一步，因为他是当之无愧的权威，既是创始人，有着传奇的过去和过人的能力，又是威权集于一手的领导者，决定着自己的命运。这些条件同时出现在他身上，就会让他的权力处于失控状态，没人能够制约他，必然就让国内的公司拥有了全世界最高的经营和决策失误机会。

如果总结投资决策失败的老板们的经验教训，就会发现，他们对于利润的追逐、对财富的渴望、对成功的期盼都是毫无节制、没有止境的，他们大多喜欢扩张规模，壮大气势，而无一例外地都忽略了稳步平衡和健康发展的重要性。他们认为自己是无所不能的，甚至有些人"拍拍脑袋"就能作出一些事关

公司生死的重要决定，很少有人会跟手下进行深入的讨论，或者组建一支团队去做客观的市场调查。这就是许多国内公司"超常规扩张"的根本原因，其结果往往出现两种极端：一种是经过快速的扩张，创始人意识到必须引入新的机制，于是痛下决心进行改革，让出部分权力，让公司完成最重要的转型从而实现质性的突破；另一种则是公司所有者始终不肯让权，建立制衡机制，实现科学发展，于是在度过了疯狂的起步阶段后，管理方面便会漏洞百出、危机四起，最后轰然倒塌，走向灭亡。

因此，一支团队要想持续壮大，不断发展，就必须引进权力制衡机制，否则对于团队的利益将是最大的损害源。

2. 最好的制衡是能够平衡各方利益

任何公司都是一个大团体，又下属很多小的工作协同小组，而管理者则是这个大团队多方利益的平衡者。你和员工不但要为大团队的利益服务，有时又不得不为小团队争取利益。

从团队的角度来说，其实对于管理者的希望是一把"双刃剑"。在培训课上，我告诉参与者："公司领导从基本的层面上来说，一方面，他希望你可以带好团队、完成任务、达成目标，别弄得乌烟瘴气，大家各怀心事。但是在另一方面，公司领导也不希望团队抱团太紧、铁板一块、团队领导者的影响力太大。因为这样也会带来管理上的风险——有些公司高管一走，后面的人就跟着他走了，这样就会使团队领导者在公司的谈判空间急剧上升。"

在这方面，管理者的表现多种多样。有的人喜欢让团队的气氛和谐一点，上下级关系会处理得比较轻松融洽，团队看上去上下一心；有些领导者希望团队的成员之间相互牵制，所以希望他们之间经常会发生一些小的矛盾。要解决好这个问题，其实公司的体制在其中起着相当大的作用。

我们当然要了解一个公司的制度，因为这是制衡的基础。通过制度，明确地告诉员工，在我们的公司倡导的是什么。倡导员工发扬奉献精神，第一靠制度，第二靠榜样。有人做到了无私，我们就要把他找出来给一些鼓励。把那些表现好的老员工提上来，主要是因为他们能够把很多新人培养得非常胜任，他们不是自我中心主义者，而是大公无私。你如果不这么做，很多老员工就不愿意带新人，那么新人就会一直是新人，不会得到较快的发展。

当你需要平衡各方利益时，不要集权，而是要授权。但授权前必须做好准备，许多经理没有系统的授权计划，导致工作分配不当，或者选错了人，比如由几个人负责一项工作时，就很容易出问题。多数是因为分工过于笼统，责任经常互相交叉。要纠正这个问题，就须通过明确的分工来划分每个人的责任范围，或在同一件事情上，确定几个相关人员各自负责的环节，让你的手下不至于总是各自为战，出现权力和利益上的对立。

最大的也是最为普遍的一个问题是，管理者在给下属授权时，没有赋予实际的权力，这让员工无法完成所担负的任务。所以，责权永远都是对应的，你必须充分考虑到他完成任务需要做的事情，分配给他完成这项工作所必需的一些资源，并定期查看，分析和判断你赋予他的权力是太大还是太小了，再作出相应的调整，以免他获得的权力不足或手中的权力失去控制。

我在国内发现，不少经理经常是随便就把一项工作推给下属，自以为他们对工作的内容、可能出现的问题和工作要求一清二楚。可是这样做，不但收不到理想的效果，对员工本身来讲也不公平。因为员工也许需要了解更多的情况才能将这项工作做好。你对相关的技术与信息漠不关心，只给他们一个任务，就硬性规定周期和你想要的结果，却不关心他是否掌握了足够的相关信息，对员工来说这不是工作，而是一种"惩罚"。他会觉得你在整他，而不是在给他表现的机会。

公司主管在权力制衡方面经常犯的另一种错误就是下发任务时对工作的过程限制太死，使得员工难有回旋余地难以灵活地作出决定，只能不折不扣地执行上司的命令，每个环节和细节都要遵从上司的旨意。在这种情况下，当一名上司对自己喜欢的办法说得太多并强求手下照做时，就会让员工丧失自己去解决问题的兴趣。你要允许员工按他们自己的方式去成功，完成一项工作。

所以，你应该关注要做什么，而不是过多地去关心应该如何做——除非这个任务非用你的思路不可，比如客户点名要求采用你的方案和干预。而有些主管给下属压的担子太重了，要是他担负不了那么重的担子，主管就放弃管理的责任，把权力收回来，让旁人参与完成，否则无法完成权力就成了一种被浪费的资源，不能给公司带来利润。

对下属和权力的拥有者自然要进行适当的监控，这对权力制衡来说十分必要，同时也是一项需要你在实践中逐渐积累的技能。不过，对权力进行监控的程度，一般取决于任务的情况、有多少人来承担工作任务和环境的需要，而不是你随心所欲，想怎么做就怎么做。权力监控本身又是一种至高无上的权力，握有权柄的人在团队中一定要合理而且科学地运用，避免出错。

你既不可放任不管，以为工作布置下去，员工就会自动完成，无须监督考核，也不能检查和监督得过于频繁。如果你对监控的程度把握不到位，可以采取另一种办法：去和员工或者执行人共同商讨，以便达成一种权责平衡的共识。对于一名正在执行任务的属下来说，最难堪的事恐怕就是自己做完的事，上司检查后又让重做一遍，这有可能破坏上下级之间的关系和相互信任，从而引起权力上的对立，破坏团队的稳定。

如果你用好了权力的分配艺术，就能很快得到丰硕的回报。你将看到这种授权制衡的威力，你自己、下属以及整个团队都会取得成果。从此团队的工作容易管理了，员工的提升机会也增多了。在一支团队中，所有人都因为你的灵活管理有了收获。所以，管理者在团队建设和利益问题上，起着很大的作用，制衡的根本目的，是做好各方利益的平衡和一致，更好地保护团队利益。

CHAPTER FOUR | 制衡与分享

分享利益才能创造更多利益

如果一名老板或是部门负责人，只是将目光停留在短期的项目利润或整体的收益上，那么他的公司或部门也只能是昙花一现，不会实现可持续发展的目标。只有与员工分享利益，才是一支团队或一家公司可持续发展的终极保证。如果你想获得全部利润或者 80% 以上，对不起，也许短期内你可以做到，账户里的钱会迅速增加，但持续下去的结果，必然是你逐渐变成穷光蛋，员工不会越来越忠心卖命，你在将来的某一天，看到的会是团队的分崩离析，所有的属下无情地离你而去。

确切地说，是你被抛弃了。

今天对于团队来说最重要的就是拥有各方面发展的人才，这已经是企业发展唯一的动力。团队中的每个人都能认真负责、积极投入，这家公司才会在激烈的竞争中占据优势，才能够笑傲江湖，具有较高的成长系数。也就是说，人力资本的价值和增值程度将远远高于团队财务资本的增值。大凡一名优秀的管理者，他们在这方面均能高瞻远瞩，注重团队的长远发展，而不是只关注一时的兴衰。优秀的领导者，能为了公司的可持续发展和长远利益，果断地割舍暂时小利。

他们将员工看作是公司最为重要的财富，而不是来抢夺利润的强盗。所以，好的公司总是乐于和员工分享利润，让员工成为公司的主人，从公司的成长中

受益,来调动他们更大的积极性,为公司创造更多的财富,而不是损害员工的利益,整天想着怎么在员工的身上省钱。后者虽然一时能节约不少钱,但从长远来看,却丢掉了团队发展的根本。

第一,员工的收入得不到保证,公司发展了他们却没有从中受益,员工的积极性就是水花泡影,工作效率也会成为问题。

第二,这样的公司,人才的流失率都很高,无法聚拢最优秀的人才为其效力,总是处于"铁打的营盘流水的兵"的状态,长此以往,怎么可能实现公司的发展目标呢?

当你研究那些著名的公司时,你就会发现它们的成功都是因为愿意与员工分享利润。

美国的汽车大王亨利·福特就在他的公司内部建立起了利益分享制度。1908年,福特汽车公司制造的T型汽车成为最受美国人欢迎的车型,也成为真正属于普通人的汽车。

在1909~1914年,福特汽车始终保持着它的旺盛销售势头。福特并没有趁机涨价大赚一笔,而是信守他的商业宗旨"薄利多销总比少卖多赚好得多",不让消费者失望。在向消费者让利的同时,福特也和他的员工们分享着企业的成功。福特公司开创了世界工业史上从来没有过的、在工人报酬方面最伟大的革命。亨利·福特主动并且富有同理心地提出,将工人的工资增加一倍,而且凡年满22岁的工人都可以享受公司利润中的一份,如果工人有眷属需要抚养,即使没有年满22岁也可以享受这一待遇。

正是凭借这样的利益分享措施,福特汽车公司的员工受到了极大的激励,提高了工作效率,从而也推动了企业的发展。

那么另一家知名公司星巴克又是怎么做的呢?

它在2011年的奖励计划中,免费为6700名英国员工提供价值上百万英镑的公司股份权利,并将其取名为"豆股份"(Bean Stock)。这其中,50%的受限股票单位将在年底前完成对员工的发放,其余的将以每次25%的形式在 2012 年和 2013 年逐次发放。要知道，在此之前，星巴克实行的可供员工选择的奖励计划更为复杂，这在一定程度上限制了员工的参与。

星巴克公司的创始人霍华德·舒尔茨在 2007 年重新接管了公司。在近三年间，公司有将近一千家店铺倒闭，倒闭的店铺主要分布在美国。经过舒尔茨的力挽狂澜，星巴克的股份开始得以反弹，并在 2010 年 10 月达到三年来的最高位。对此，舒尔茨表示："我一直相信只有员工的利益得到切实保障，股东的长期利益才能够得到保障。"为了解决舒尔茨声称的"咖啡店内员工的敬业灵魂缺失"问题，星巴克出台了此类奖励计划。在这份奖励计划出台后，更多的前线员工将有资格获得其中的分红，同时员工获得奖励的期限也将会缩短。

从根本上来说，员工、企业和顾客，这三方相互依存，是一个需要共同协调的利益共同体。公司既依靠顾客，又依靠员工。如果一名管理者只是着眼于现在，看不到公司的长远发展，他也就不会和员工分享公司的利润，从而无法调动员工为公司积极地工作，提升整体业绩。这是一种双输的局面。

美国的世界 500 强公司、世界零售企业的巨头沃尔玛有一条成功的经验："和你的员工们共同分享利益。"公司赚了钱，员工也要从中分一杯羹，不能你们这些股东赚得钱包满满，有车有房，员工却每天喝西北风，老婆孩子连饭都吃不起。这正是沃尔玛成功的秘诀，也是这家公司所作出的"最成功的决定"。

在它的管理团队看来，公司是大家的，不是某一个或某几个人的，既然是大家一起赚取的利益，那么就必须共享而不是独享。独享只能出独富，一人强而万人衰，公司也跟着衰败；共享才能共富，公司也跟着越来越强大。可是现在，很多公司尤其是国内企业的老板或经理，却缺乏这样的长远眼光和战略布局。他们把企业当作是自家的产业，而不是一个共同发展的平台，把员工视作为自己干活卖命的伙计甚至是奴隶，不要说给数量可观的红利了，在平时的管理中，连最基本的信任都做不到。

一个成功的团队，它必须有属于自己的收益分享计划，即 gain sharing plan，它是 20 世纪 30 年代兴起的一种团队激励薪酬计划，同时又叫业绩奖励。

管理者或企业拥有人将它作为一种纽带，把雇员个人的目标和团队的目标连接起来了，将大家绑在一起，促进员工共同努力以达到公司的经营目标。

任何团队的收益分享计划，都必须坚持四条原则，它们分别是公平（Equity）、明确（Identity）、参与（Involvement）和承诺（Commitment）。

- 公平

以每个人为团队的成功作出的贡献为基础，进行公正的绩效考核，从而让员工分享自己应该获得的收益。员工做了多少工作，就应该得到对应的回报。比例也应该是公正的，不能你的比例高，而另一些人的比例却低得可怜。用一般的原则来衡量，员工得到的额外利润会占到个人报酬的 4% ~ 10%；不过有些公司也会给员工超过 20% 的额外利润。

- 明确

团队必须明确地让员工知道并且理解公司的经营目标，了解自己所扮演的角色（责任），以及自己起作用的方式和应该提升的方向。换句话说，一个人在这个体系中，做着一件工作，你得让他知道为什么去做，自己起到了多大的作用，能够得到什么样的好处。这样，他才明白自己应如何提升，态度才会更积极。

- 参与

收益分享的过程，每名员工都得参与，否则不可能成功。如果没有参与，收益分配就缺乏透明度。团队必须确立一种透明和公正的参与制度，让他们从容地界定清楚自己的角色，明白自己的参与方式到底是什么。

- 承诺

这是一项重要原则，团队的承诺对员工来说十分重要。管理者必须帮助员工更好地了解自己在收益分享计划中所扮演的角色。此外，任何级别的主管人员都必须参与其中，不可缺席。

通过利益分享，管理者或公司拥有人才能让员工与你合作，而不只是为你工作。如果你因为失去了些许米粒而感到遗憾，请别忘了，你将来收获到的一定是满车的成袋大米和作物。

让人遗憾的是，现在国内有不少自以为聪明的老板，他们喜欢独吞利益，一分钱也不想分给员工，除了可怜的、只够温饱的工资，他们不想再拿出别的东西。对于这样的老板，相信他们的员工不会不知道，自然也就不会为他们卖力工作了。

当一名老板或部门老大不能调动属下的工作积极性时，问题就会变得越来越严重，比如公司的生存与发展，就会慢慢受到影响。"只让马儿跑，而不让马儿吃得饱"的做法显然已经行不通了，如果一支团队的头儿只是口口声声地告诉你："公司是个大家庭，你们要像爱自己的家一样爱它，公司的发展关系着你们的利益和前途，你们要好好干，公司发展了，大伙都有份！"但到了年终的时候，他却好像全然忘记了自己以前所说过的每一句话，那么后果是什么？

员工会想："我干活，你赚钱，我做得再好，都没有我的份儿，给这样的老板卖命，根本犯不着。"当员工有了这种心态时，就会得过且过。再有潜力的能者，也会因此变成混吃度日的庸人，这家公司的命运就可想而知了。

无数的事实已经向我们证明，善于与人分享的老板，并不会失去什么，反而会得到更多。当你慷慨地与下属分享劳动所得时，一定会得到更多的回报。所以凡是聪明的团队主管或是公司拥有者，他们向来目光远大，乐意与员工分享合理的利益，并令员工感觉到受到了尊重。

TEAM

CHAPTER FIVE

无为,坐在火山口

>>> 团队不需要碌碌无为的领导人

>>> 放权的障碍因素

>>> "授权"与"受权"

团队不需要碌碌无为的领导人

一个成功和完美的团队，首先要有一位素质和能力非常全面的领导者，既是下属和员工的榜样，像一盏大海明灯，又是一位懂适时隐身与消失的幕后指挥家，知道如何调动部下的能力，使人们才尽其用，潜力尽发。也就是说，他要学会放权，懂得无为而治。

但是同时，另一些棘手的问题出现了。很多人告诉我："赵老师，我的权放了，但我发现工作效率并没有提高，而且这时我才发现，许多工作只有我自己才能完成。"这是一种非常危险的现象，一名领导者站在了左右为难的火山口。

为什么我会这样说呢？

高明的无为管理者，他们的无为，从不会让部下感觉到自己的存在，又能让员工积极主动和自发地工作，维持与提升团队的高效率。这是管理的最高境界，许多世界级的企业家都是个中高手，是幕后那只强有力之手，自己轻松，公司的活力却非常高涨，他们的无为是真正的有为。只不过，这实在是太难以做到了。大部分的管理者虽然也致力于掌握这种领导艺术，却因此坐上了火山口：无为变成了无能，平常心变成了平庸的心。

当然，管理一家公司，如果真的能达到"太上，不知有之"的境界，这不仅是公司的老板所孜孜以求的，更是他的部下和员工所深深渴望的。只不过，我们要避免的一点是，千万不要让自己在追求无为而治的道路上，坐在火山口变得碌碌无为。

● **华尔街的"明星"体制：可以借鉴的团队领袖榜样**

在世界金融帝国的核心，美国的华尔街，各大公司盛行着一种"明星"体制。在这里，公司主管的能力被极端重视和依赖，在明星体制的金融行业中，盈利能力强的银行家与交易员获得的报酬远远高于其他人员，他们有为而治，一个个成了华尔街的风云人物和强势的公司主管。

一个强有力的例证，就是德崇证券公司的迈克尔·米尔肯。在德崇证券公司，他以创建垃圾债券市场而影响了华尔街的历史，他的影响力超过包括公司总裁等在内的所有其他人，是名副其实的公司第一号人物。在1987年，迈克尔·米尔肯从公司的利润中获得的奖金高达5.5亿多美元。以至于德崇证券被公众视为"只有一种产品的公司"，而这唯一的产品就是迈克尔·米尔肯及其创建的垃圾债券。

明星体制对于团队领袖有着极高的要求，他要能力出众，气质非凡，拥有非同寻常的远见和魄力。可以说，他几乎就是一家公司的大脑，一家上千人的大公司，所有的人都在靠他的思维活着。当一支团队的体制是这种类型时，如果该团队领袖碌碌无为，就会立刻在瞬间毁掉公司。这就是很多公司一旦创始人离任，就会马上陷入低迷堕落的原因。

碌碌无为的领导者显然是做不到的，不管你是一个部门组长，还是经理、总监，或者是董事会成员、一家公司的老板，都必须具备可以力挽狂澜的能力。这恰恰是无为而治的基础。无为的前提是：我可以有为，具备掌控一切的素质，而不是什么都不会干，只能被迫地采取无为之道。

● **无为的重要性：领导者不能做超级英雄**

在过去的几十年中，纵观全世界的各种大小公司，我们注意到一种趋势，一支团队的变革，已经很难依靠某一个伟大的领袖来独自引导了。个人的力量

被削弱了，他自己的智慧充其量只是一种参考，而无法成为掌控全局的决断。

这样的变迁，实际上是在向我们表明，英雄式的人物固然有其不可磨灭的影响力，但这种模式实际上是错误的。它会引发很多有害的结果，而且明星体制本身已经变得脆弱不堪。我们需要回到现实，结合自己的情况，来描绘一个更真实和更具灵活性的领导力图景。

至少你应该明白，我们在公司中不能做一个超级英雄式的 CEO，这是一个领导者永远也实现不了的神话。任何团队对你提出这种要求，都站不住脚，而且是一种团队自杀行为。许多公司的股东都跟我讲，他的公司需要一个狠角色，一个冷酷而且为了成功能够坚定不移地制定任何政策、控制任何流程的人。

我说："你们需要的不是一个职业经理人，而是一名超级英雄，可以带来一切，从而你们就不用负任何责任。"

这是最大的推卸责任，这点即便是伯克希尔·哈撒韦公司的老板巴菲特也做不到，他曾经创造了一个奇迹，但现在他其实已经无声无息地将公司的战略决策变为集体领导了，他只是决策者中的一分子，要充分考虑属下的见解。

英雄式的超级领导人，不过是人们在渴望"救世主"的过程中臆想出来的一个神话，与现实中公司和部门领袖的领导力没有多大关系。其实在某种程度上，人们也知道超级英雄不过是一个不可能实现的理想。仔细想想，在你的公司内，你知道有多少人是这种可以大有为的英雄呢？无数现实案例告诉我们，许多人都在扮演滥竽充数的演员，但成功者稀少。

相反，那些拥有极强的实战能力却又知道何时放权、激发属下活力的领袖，在现代公司的竞争中占据了绝对的优势。在这方面，训练成为一种对管理的投资，这种领袖不是天生的，后天也可以培训，而你也可以因为参加了相应的培训变得更胜任。

● **领导者的自身要求：通过培训成为合格主管**

领袖的风采是怎样炼成的？你可以自己命名这堂课程。你应该从如何建立自己的领袖风采上来观察应怎样去建立和管理一个高效的团队。

你必须让自己具备三方面的素质：

第一，你要有足够的勇气。

第二，你要有足够的信心。

第三，你要有最起码的主动性。

管理一支团队，做一名领导者，勇气、自信、主动性，这三样素质缺一不可。拥有了这三样，你才能谈得上去运用无为的武器。你不可以变得碌碌无为，一名游泳教练不轻易下水，但不意味着他只会看别人游泳，相反，他的游泳水平其实是极为出众的。

团队领袖总是需要面对未知的世界，带领和帮助团队抓住黄金良机。机会总是稍纵即逝的，而竞争又是如此之激烈，他要在行动和有为中让自己逐渐得到完善，超越其他的团队管理人，去引领潮流，成为一名卓越的领袖，而不是什么都不做，或者只做准备而不行动。实际上，如果你只是让团队的成员自己去寻找方向，等你认为他们已经准备好了的时候，机会或许早就消失了。

优秀的团队领袖，他要具备坚强的品质，无论多么艰苦、多么痛苦，他都要承担责任，坚持到底决不退出，而不是戴着无为的帽子，跑到一边逃避自己应负的责任。

如果在现实生活中，你是这样的一名主管，那么你一定会受到严厉的惩罚。不过，那将是市场对于你毫无作为的惩罚。

放权的障碍因素

无为是需要放权的,管理者通常会思考下列十种问题,并左右为难,迈不过去这道坎。他们觉得权力一旦放开,自己就成了摆设,或者权力一旦脱离自己的手,团队的未来就完全没有了把握。这不是他想要的结果,并与他内心中的权力欲望相冲突。另外,这还与一些强势领导者无穷大的自负有关。

1. 我从哪里找时间去授权我的下属?我的能力比他们都强,有那个时间不如自己完成!
2. 我相信自己的工作质量,所以亲自做的效果比较好。
3. 下属还不够成熟,他们不能将我交代的工作按时完成。
4. 我喜欢亲自处理每件事情,这是我的风格。
5. 以前曾授权下属,但他们不能让我满意!
6. 我害怕竞争,教会徒弟会饿死师父,不能让他们超越我。
7. 一个务实的主管应当亲力亲为,这是我信奉的观点。
8. 一个好的上司,他对每件事情都必须随时了解和掌握,以免失去控制。
9. 上司应当具备对每一件事情的专业知识和深入的认识,否则就不合格。

10. 当然，授权容易，但若将权力交出去，又该怎么监控呢？我无法保证在这个过程中不出问题。

这就是他们的心理障碍，一些领导者往往喜欢把一切事都揽在自己身上，他们事必躬亲，既管这里又管那里，将一件事交给手下去做，对他们来说是绝不放心的。于是他们整天忙忙碌碌，被公司的大小事务搞得焦头烂额。

一个聪明的管理者不会走进这样的陷阱，他懂得如何正确地利用部属的力量，发挥团队的协作精神，亦即聪明的授权，合适的分工。这样不仅能使他的团队很快就成熟起来，同时也能减轻他自己的管理负担。

在团队的管理方面，你抓得少一些，收获反而会多。

北京一家公司的总经理刘庆之，我见到他的时候，他正在洛杉矶参加一次中美企业家管理峰会。他在会上谈到了自己的观点："如果我不放权，那么我的短处就会暴露，而我的精力也会更多地被消耗在大量的日常事务中，牵制我长处的充分发挥。对公司的整体业务来讲，这是非常致命的。"

公司成立后，刘庆之先后两次放权，虽然走过不少弯路，但他始终明白，只有放权与授权的合理布局，调动手下的潜能，他的公司才能走上正轨，并顺利地发展壮大。所以，当放权失败时，他要做的不是让集权复辟，而是会总结经验，再次尝试。经过不断磨合，他的公司走上了规范之路，他自己也得以在管理工作中轻装上阵。

我在这次峰会中，看到另一位放权理念更加彻底的团队带头人。一家Design House公司的创立者陈树，他通过放权来完成了自己从软件开发员到老板的转型。在放权之前，他和自己的合伙人要完成几十个模块的制作，但如今，他们几个主要股东手中握着的模块数量仅余下4个了，其余的任务量统统交给了自己的下属。

他们破除了障碍，由此扬长避短，从琐碎的业务和日常事务管理中抬头审视起了宏观的团队战略。我故意问他们："你们不担心手下在羽翼丰满后叛逃

吗?"这是多数公司管理者都担心的问题。陈树的回答是:"最核心的始终握在自己的手里,我怕什么?再说了,在竞争中害怕是没有用的,只要让自己变得更强,让公司更有吸引力,给下属提供更加宽广的平台,就不必担心他们会离开。"

现在,放权与集权显然已经成为一个众所周知的管理难题。公司的业务越来越多,创业者越来越忙,越来越累了,他们开始对亲力亲为显得有些力不从心了,于是自然而然地就会想到放权,但是他们又担心放权后产生的一系列不良后果。所以,障碍就在这时产生了,他们困惑、挣扎、不断地反复,在我看来,这是那些成长迅速的创业型团队的典型症状。

你要明白,10个人的时候,你要走在最前面;100个人的时候,你要走在中间;1000个人的时候,你则要学会走在最后面。这才是聪明的管理者,你必须破除心理魔障,突破这道关卡。即便有再大的风险,你也要学会放权,因为放权不但减轻了自己的工作量,而且还相当于一种投资,比如大致的概率是每培养5个项目经理,可能其中有一个人会流失,但你至少还拥有四个忠诚能干之士。如果你打算放权,你就要能够接受有人将来学会了东西,会飞出去单干。到时你应该祝贺和鼓励他们,而不是嫉妒与愤恨。

有一部电影,讲述的是一个大型酒店的老板,他由于交通肇事而入狱三年,这位老板只信任他的一位吹小号的朋友,于是将酒店交给这位朋友经营。这位朋友上任的第一天,见到酒店的管理人员基本上都是海归、博士、硕士,他们对这位吹小号的老板说:"你一个吹小号的懂什么,凭什么管理这个酒店呢?"这位吹小号的老板回答:"我不懂什么,只懂如何让一群自己认为什么都懂的人给我赚钱。"

你看,这位吹小号的老板除了做好放权的工作,可能就没有什么其他的方法了。那么从另外一个角度说,这家酒店的老板最应该做的工作就是第一时间放权给公司的这些高学历人士,找自己的朋友前来看店,根本就是多此一举。事实上,很多中下层的下属都在抱怨团队的高层不放权给自己,结果什么事情都做不了。可能的原因有两个：一是他们不敢放权；二是他们不知道应该如何放权。

● 不敢放权

大多数团队主管都不敢放权，这是人的问题。关键点是授权人的信任和受权人的能力，比如有些人一提到放权，就是向主管要钱、要资金、要资源、要权力，这就导致主管担心下属私自调用资源，也就不敢轻易把权力交出去了，只有确信下属确实有能力掌控好这些资源，才会充分放权。

我有一位朋友，在上海开一家服装设计公司。有一次他向我诉苦："我对下属很信任，什么事都让他们自己去拿主意，结果却是，他们什么都做不了，还是看我的眼色行事，没事就向我请教问题。我的权是放了，但我比以前没放权的时候还要累。"

经过了解，我才发现，问题就在于他的管理流程。不管大大小小的事情，虽然他把权力下放了，可他总是不信任下属，每次把工作交代下去之后，都要隔三岔五打电话询问。虽然他是抱着不必干预的心态来做这件事的，心里想的却是："我就是这么一问，又没想着去干涉。"但到了做事的员工那里，他们会怎么想呢？

员工会认为：老板不信任自己！于是，下属为了证明自己的忠诚，只能每次无奈地在事情的关键环节，向他请示，然后再按照请示得到的思路去做事。

所以，我们就不难理解，为什么很多人总觉得上司对自己放的权不够，那是因为由不信任到信任需要经过一个漫长的过程。这也是为什么一些企业，尤其是民营企业里面家族成员都有较大的授权，他们获得的做事的权力比较大。

● 不会放权

当授权机制没有很好地建立时，团队主管有时就是想放也不会放，权力放下去也无法收到好的效果，比如权责不统一。领导在分配任务时通常会说："今年的销售额应该提高多少，成本降低多少……"结果只明确了目标或责任，而没有明确权利。所以当出现问题时，中层干部都会认为自己没有得到授权，他们的潜台词就是："我要的资源你没有给我，我做不成事情不是我的错，而是你的错。"再比如制度不匹配的问题，有的老板会讲："我们的授权明确，分公司多少，总监多少……"可是在流程上，最终的审批权还是在高层手中，于是这样的放权就形同虚设了。出了问题，也没有办法去追究责任，因为签字人是高层，而不是下面具体做事的人。

以上这些，就是不会放权的表现，明明放下去了，却无法达到好的效果，因为制度不明确，过程无法控制，考核不严格。

1. 放权要科学合理

当你决定放权时，要基于事实的考量，认真制定具体的流程与制度，量才为用，科学合理地将权力授予能担负责任的人。在给予权力的同时，要提出对应的工作要求；在制定工作目标的同时，也要给予相应的资源。如何才能做到科学放权呢？你需要解决几个问题：一是权力和责任的匹配关系；二是放权后如何控制；三是制定一些大家都能接受的放权控制的原则。

科学合理的要求就是，我们对下属的放权要整体考量，做到有据可依。这其中，制定标准的依据是什么呢？一是员工的绩效；二是员工的态度；三是员工的潜质。从而解决如何制定放权制度、怎么放权与放给谁以及事后如何监控的问题，建立一个合理的科学体系。

2. 放权时责权要对等

在解决现实问题的过程中，我发现责权的不对等是导致大多数放权问题产生的根源。如果权大于责，会导致领导者的武断决策，使团队风气日趋腐败；反之，如果责大于权，那么权力者往往又会保守守旧，遇到无法解决的问题就会把责任上移，自己不负责任何责任，久而久之有责无权，难以做事。

每一支团队中的职位，必然都有它相应的职责，这个责任存在的基础就是判断和决策，这是对员工和下属的要求。我们知道，决策和判断是基于一定的标准的，有一定的自由度，那么就要赋予相应的权力，就需要管理者授权。放权的对等原则，就是在告诉你，一名员工既然有了责任就需要有相应的权力，而这个权力的行使和执行必须是完整的，不能完全任由员工想怎样就怎样，放任不管。有些事情员工需要自己做决策就不能再反复地征求你的意见，而有些需要上报、听从领导指示的事情，就需要得到许可后才能做决策。如果做不到这样的权责对等，最终一定会导致整个授权体系的瓦解与混乱。

3. 放权要收放自如

放权不代表你要放任下属和对工作撒手不管，而是你必须要成为"操盘手"，对下属的行动保留知情权和控制权。能放，还能收，建立权力的可控性，与下属保持联系，只有这样，才能始终掌控全局。

你要随时了解下属的工作情况，对被授权者在授权范围之内可能出现的情况能作出合理的判断，并确信在异常状况时你能有效控制，妥善处理。这个妥善处理，就意味着你对于权力的控制，可以做到收放自如，能做到稳定和灵活的统一，保持团队的运转效率。

"授权"与"受权"

当团队领导者在行使权力时,集权和授权是我们无法回避的两种相反的模式,也是相对的两个概念。在管理中,我们不能不授权,也不能不集权,问题是要使团队高效地运转或者达到一定的目标,一个成功的主管,他就必须合理地控制集权与授权的程度,准确地理解这两种概念,做到灵活、科学地运用。

● 集权的优点

好的公司都有集权的现象,不全都是共管,更没有必要每个层面的事项都让所有的人参与,如果真的这么做,这家公司就乱了。适当的集权,有利于管理者对团队实现统一指挥和集中领导,达成内部的命令和标准的统一,这么做有利于统筹全局。这一点是毋庸置疑的,当团队能做到统一指挥时,下达的命令就可以快速贯彻执行,这有利于团队形成强大的凝聚力去应付工作中多变的形势。但是这在一定程度上,又限制了中下层的员工发挥自己的积极性和创造力,不利于下属员工的自我发展,使得团队的适应能力变差,缺乏对环境应变的弹性和灵活性。最重要的是容易使下属员工产生懒惰依赖的思想,让他们变得不思进取,降低了对团队的责任感。

尤其是对创业型的团队来讲,集权就显得更为重要。一支团队刚开始发展,都需要有一个全能型的人才来确定发展方向,需要有魄力和超常的控制力。在这个阶段，集权必不可少。每名下属都只是一个木偶——从某种程度上可以这么说，听从船长的指挥，像军人那样，沿着他手指的方向，冲锋陷阵，前仆后继。

为什么这时的集权会这么重要，能给团队带来这么多好处呢？因为任何一支团队在刚创建阶段，其成员的短期利益往往是处于亏损状态，付出的多，收获的少，需要有长远的眼光和极强的耐心。但对于普通人来说，恰恰是难以做到的。所以一旦管理者对员工进行充分授权，得到的结果往往是：这些人为了自己的眼前利益，会作出有损团队长远发展的决定和行为。

● **授权的重要性**

授权是对下属的信任与支持的体现，也是提高团队工作效率和效能的重要途径，合理授权，可以让员工和团队共同成长。实质上，授权就是运用手中的控制力，要求别人承担责任，为我所用。

如何做好授权工作呢？就像上一节我们讲到的，最重要的就是权力和责任的统一。你在向员工授权时，既要定义好相关工作权限，给员工足够的信息和支持，也要定义好它的责任，让他能够在拥有权限的同时，做到独立负责和彼此负责，这样才不会出现团队管理上的混乱。

授权的三个要素：

第一个要素：任务。要有明确的目标和信息要求，也就是要求员工去完成某项工作。

第二个要素：权力。要赋予员工完成某一项工作的相应权力，这时候，他有权力去圈定一件事情，并有权作出与这件事情相关的一些决定。

第三个要素：责任。员工在做这项工作时所要承担的对应责任。

美的公司的例子可以在很大程度上作为我们本节主题的代表：国内的家电行业，何享健被看作是最为潇洒的企业家。

他甚至从不用手机，也没有手机。他说："很多事，他们不用

请示我。我要找人,几分钟就能找到。每天我一下班就回家,一步都不再离开,晚上从来不干活。"他对高尔夫的钟爱是出了名的,除了周六日打球,周一至周五也总有一两天是在绿茵场上度过的。而同在顺德,同为家族企业的格兰仕,两位创始人据说现在每天工作要超过10个小时。

他能够把员工放得很远,又能收得很紧。他的下属在享受充分授权的同时,也经受着严峻的业绩考验。长期以来,何享健十分认可一些跨国企业的做法,经营单位两个季度未完成指标尚可原谅,第三个季度还没完成,这个人就要下岗。在美的,每个人证明自己的时间很短,基层的业务员一般只有3~6个月,事业部的总经理也是一年一聘。美的人习惯于接受这样一种文化,业绩指标达不到,即刻换人,如果达到了,上至经理人下到一个普通的销售员所获得的奖金激励也是行业内最为可观的,甚至可以用"多得吓人"来形容。

让别人替自己操心,正是何享健最让人们艳羡的地方。通过这种制度,使得美的的员工对企业未来3~5年的危机感非常强烈,他们中一些人的忧虑感甚至更强于企业真正的老板。

一切都源于何享健的授权与受权的成功。他说:"我什么都不想干,不想管。我也告诉我的部下,不要整天想自己怎么把所有的事情做好,而是要想如何把事情让别人去干,找谁干,怎样为别人创造一个环境,你要做的是掌控住这个体系。"

授权要灵活,不但要让团队成员分担责任,还要使他们更多地参与到团队的决策中来,允许他们个人或小组以自己更灵活的方式开展工作,从而显示你对他们的信任,让他们积极地为团队服务,而不是充满抵触。管理者要扮演好引导者的角色,用最快捷的方式引导团队成员调整心态,了解并准确定位自己的职责分工，充分发挥不同角色的作用。

因为每个人都有实现自我价值的愿望，愿意接受一些富于挑战性的任务，不断地拓展知识技能，发掘自己的创造潜力。只要能够成功地进行授权，你的手下就一定可以做到这一点，实现你的管理目标。

● 过度"授权"，需要警惕帕金森定律

当你过度授权的时候，往往就会出现另一种现象：本来很简单的团队组织，开始出现大批的冗员，变得庞大不堪，办事效率逐渐下降。

> 帕金森定律，我们举例来说：当官的A君感到工作很累很忙时，一定要找比他级别和能力都低的C先生和D先生当助手，把自己的工作分成两份给C、D，自己掌管全局。还要C和D互相制约，不能和自己竞争。当C工作也累也忙时，A就要考虑给C配两名助手了；为了平衡，也要给D配两名助手，于是一个人的工作就变成七个人在干，A君的地位也随之抬高。当然，七个人会给彼此制造许多工作，比如一份文件需要七个人共同起草圈阅，每个人的意见都要考虑、平衡，绝不能敷衍塞责，彼此间产生了矛盾要想方设法解决，升级调任、会议出差、工资住房、培养接班人……哪一项不需要认真研究？工作愈来愈忙，甚至七个人也不够了……

一个很典型的例子，是三国时代的蜀国，刘禅和诸葛亮的权力关系。刘禅给了诸葛亮无限的权力，但他只是一味地去授权，忘记了自己作为皇帝、一国之主，有自己应负的责任，有监督诸葛亮的权力。诸葛亮七出祁山，没有给蜀汉公司创造利润不说，投入的资本也没有收回，他并没有因此被问责，这是有权无责的授权。尽管诸葛亮本人的人品无可挑剔，但他不断出征，让蜀汉的国力每况愈下，直到汉中无大将，廖化做先锋。所以从管理的角度来看，蜀主对

诸葛亮充分放权，而自己却没有集权，反而成了蜀汉这家公司灭亡的主要原因之一。

为什么这么说呢？因为蜀主给了一名重要的部下最大的权力，客观上造成了自己的权力被架空，让其他的下属看不到希望。而且在权力行使的过程中，有权无责，权力放出去了，却没有落实责任，让诸葛亮承担损失问题。于是，皇帝的过度授权，反而成了这个国家败落的根源，使得除了诸葛亮以外的人，丧失信心，没有干劲，造成了人才的凋落。

一个聪明的团队领导者，他需要警惕这种授权方式，要学会取长补短，控制权力并提高团队的效率。

TEAM

CHAPTER SIX

激励的方式

>>> 了解并满足个人需求

>>> 如何激励整个团队

>>> 晋升的梯子爬不完

了解并满足个人需求

在这一章,我们将谈到至关重要的激励制度建设。团队的激励制度,对于组织的发展来说犹如人体的血液不可或缺。我们都知道,一个人采取一项行动去做一件事,往往是由于有需求,这是人的本性,既是优点,也是弱点。所以,一家公司只有满足了员工的需求,才能够要求员工作出为团队负责的行为。这就是激励的前提,你想促进员工的工作热情,希望达到什么样的效果,就应该首先了解员工的需求是什么,需要得到多大程度的满足,然后因人而异,结合公司制度进行激励。

世界著名的沃尔玛公司十分关心自己的员工,公司里几乎所有的干部都用上了写有"我们关心我们的员工"字样的包纽扣。他们把员工称为"合伙人",并注意倾听员工的意见。萨姆·沃尔顿曾经对干部们说:"关键在于深入商店,听一听各个合伙人讲的是什么。那些最妙的主意都是店员和伙计们想出来的。"

美国《华尔街日报》曾报道:"几星期前的一个晚上,沃尔顿先生在凌晨两点半结束工作,到一家通宵服务的面包铺买了些点心,回来路过公司的一个发货中心,同一些刚从装卸码头上回来的工人聊了一阵。结果,他发现这儿至少还需要有两个沐浴间。"

从这个故事中，我们不难看出，一个拥有数百亿美元企业的总经理是如何关心他的员工的。因此，员工们都亲切地称他"萨姆先生"。

萨姆·沃尔顿认为，许多企业里，大多数干部依靠恐吓和训斥来领导员工，没有什么比这更错误的做法了。这些干部都是不称职的，好的干部要在待人以及业务的方方面面都加入人的因素。如果通过制造恐怖气氛来经营，那么一线执行者就会感到紧张，有问题也不敢提出，结果只会使情况变得更糟。他们还会因此害怕独创性或是表述一个新见解。

他认为，在沃尔玛公司，干部必须以真正诚恳的尊敬和亲切对待自己的员工，必须了解员工的为人、他们的家庭、他们的困难和他们的希望，必须尊重和赞赏他们，表现出对他们的关心，这样才能帮助他们成长和发展。

萨姆·沃尔顿会经常突然驾临公司的各个商店，询问基层的员工"你在想些什么"或"你最关心什么"等问题，通过与员工们聊天，了解他们的困难和需要。沃尔玛公司的一位职员回忆说："我们盼望董事长来商店参观时的感觉，就像等待一位伟大的运动员、电影明星或政府首脑一样。但他一走进商店，我们原先那种敬畏的心情立即就被一种亲密感所取代。他以自己平易近人的态度将笼罩在他身上的那种传奇和神秘色彩一扫而光。参观结束后，商店里的每一个人就会觉得，他对我们所作的贡献怀有感激之情，不管它是多么的微不足道。每个员工似乎都感到了自身的重要性。这几乎就像老朋友来看你一样。"

沃尔玛公司的故事说明了什么问题？你能从中学到哪些关于激励的有效制度？

这其中，真诚的帮助加上有效的理解和交流，可以用来帮助你拉近与员工的距离。在这个过程中，你要认真了解你的员工到底最需要什么？他们想要的是薪资、职业机会，还是实际的工作挑战性？只有充分了解他们的内在的需求，你才能够对症下药，制订出合理而有效的激励方案。

● **为员工安排的工作和职位必须与他的性格相匹配**

人的第一需求都是来自他的性格，有的人安静，喜欢稳定地做事，而另一些人则可能比较活跃；有一些人相信自己能够主宰环境，抵抗噪声的骚扰，而另一些人则认为自己成功与否主要取决于环境的影响，他们对于同事的配合或工作环境的要求极高；还有一些人，他们喜欢高风险、具有挑战性的工作，而另一些人，则可能是风险的规避者。由于他们的个性各不相同，所以你给他们安排的工作，也应当有所区别。

只有安排一项与员工能力相匹配的工作，才能让他感到满意。打个比方说，喜欢稳定和程序化工作的传统型员工，他们适宜干会计和出纳等流程化较强的工作；而那些充满了自信、进取心强的员工，则应该尽量让他们担任项目经理、公关部长等挑战性较强的职务。你如果让一个喜欢冒险的人从事一成不变的审计工作，或者让一个害怕风险的人去做证券顾问或理财师，他们可能会对自己的工作感到不满，由这些人组成的团队，其绩效自然会比较差，因为工作与个人的情况相去甚远，让他们感受不到工作带来的快乐。

● **为每一名员工设定具体而恰当的目标**

无数的事实证明，我们只有为员工设定一个明确而合适的工作目标，才能让他帮助团队创造出更高的绩效。因为目标会让员工感受到工作压力，从而激励他们更加努力地工作。但前提是，这个目标必须具体，而且和他的能力相匹配。最后，这个目标还应该富有挑战性，就像树上的苹果那样，站在地下摘不到，但只要跳起来就能摘到。这样，才能起到应有的激励效果。

● **对完成了既定目标的员工进行恰当的奖励**

当员工完成了既定目标，他最需要的就是奖励，你一定要满足他的这个需要。就像马戏团的海豚，它每完成一个既定的动作，就会获得一份自己喜欢的食物。这是驯兽员训练动物的办法。

团队中的成员也一样，如果员工完成了某一个目标而受到奖励，那么他在今后就会更加努力地重复这种行为。这叫行为强化，在团队中奖励是一种十分有效的激励措施。

● **针对不同的员工和他不同的需求，进行相应的奖励**

在现实的团队管理中，有的员工可能希望得到更高的工资，而另一些人也许并不在乎工资的多寡，而希望多一些自由的休假时间。那么就需要你有针对性地满足他们的要求。再比如，对一些工资高的员工，增加工资的吸引力可能不如授予他们一些荣誉性质的头衔效果好，因为这样可以使他们觉得自己享有地位和受到了团队的尊重。

面对这种情况，管理者应该明白，对某一个人有效的奖励措施，可能放在其他人的身上就没有那么好的效果了。所以，你应当针对员工需求方面的差异，采用个性化的奖励措施。

要知道，全球著名的管理咨询顾问公司盖洛普公司对此做过深入的研究，他们曾经进行了一次调查，采用的是问卷调查的方式，针对员工的工作场所和对发展环境的要求，让员工回答一系列的问题，最后得出团队成员通常存在12种不同需求。

（1）在工作中知道公司对我有什么期望；

（2）有让我把工作做好所必要的工具和设备；

（3）在工作中有机会做我最擅长的事；

（4）在过去的7天里，我出色的工作表现得到了上级承认和表扬；

(5) 在工作中上司把我当成一个有用的人来关心；

(6) 在工作中有人常常鼓励我向前发展；

(7) 在工作中我的意见一定有人听取；

(8) 公司的使命或目标让我感到我的工作的重要性；

(9) 我的同事们也在致力于做好本职工作；

(10) 我在工作中经常会结识好的朋友；

(11) 在过去的6个月里，有人跟我谈过我的进步；

(12) 去年，我在工作中有机会学习和成长。

我们从上述需求中可以看出，在一名员工满足了最基本的生存需求之后，他转而希望自己得到发展并且获得相应的成就感。这是人们在工作中最希望得到的两大需求，其实不只在工作中，在生活中也是如此。每个人都希望自己的衣食住行首先获得满足，然后就是实现自己的职业理想，他们渴望得到一个受鼓励和能够获得回报的事业平台，从而让自己的人生更有意义，在这里实现自己的人生价值。

你所要做的，就是提供给他们所需要的。

如何激励整个团队

最好的激励是什么？有人跟我说，是金钱、物质利益的刺激。没错，他说到了点子上，但是接下来呢？那个人就愣了，问我："接下来？当然是把钱给他了——给那些能干的人。""可是，你如何去分配呢，用什么样的方式去给，以及如何体现激励的合理性？"他就不知道该怎么回答了。

● **找到每一个人的梦想，并让员工相信，你可以帮助其实现梦想**

你首先要做的，是建立一种信任。当你与员工打交道时，你就要了解他的梦想是什么，然后和他进行沟通，并让他相信，你可以帮助他实现这个梦想。通过这种真挚的沟通，你们不但可以建立信任，还能实现利益的互绑，即你们互相实现梦想，而且拥有同一个伟大的梦想。于是，整个团队就得到了激励。

● **低效率依靠管理，高效率则依靠激励**

在团队管理中，越来越多的管理者发现了心灵沟通的重要性，并由此派生出很多刺激和奖励政策，想借此达到管理团队的目的。现在，基本上每家公司都有很多刺激和奖励员工的政策，但产生的效果并不都是积极正面的，有的时候反而适得其反。因为如果你没有明辨是非，错误地刺激和奖励了不正确的行为，那么之后这种不正确的行为就会不断地重复出现。

● 把员工视为不可缺少的合作伙伴，让员工有主人翁的感觉

让员工参与到制定团队规则的活动中来，如果你的员工拥有了这项权利，他便会有团队主人的感觉。这种利用人的参与性的方法，是一项非常重要的激励制度，也是一种管理者的福利。如果你把员工当作合作伙伴，他们就会表现得像你的合伙人，所以，不管你的员工在公司当中有没有股份，处在什么样的职位上，你都一定要在语言、态度上表现得像一个亲密无间的合作伙伴，比如多使用"我们"而不是"公司和你"。由此，他们也会表现得像合作伙伴一样，为公司尽心尽力。

● 让那些充满活力的员工带动整体的效率

一个群体内部，人与人之间会有相互带动作用，如果团队当中的人有出色的表现，其他人就会去效仿他、学习他并想办法超越他。所以，一个优秀的团队，就需要不断地吸引充满活力的员工。一名有活力的员工，会把周身的活力传染给身边的每一个人，从而产生良好的示范效果，从而让整个团队受到激励，变得充满活力。因此，你平时就要注意观察，看哪些人是充满活力的，是值得你激励的。然后找到这类人，把他树立为公司的人学习的榜样，成为一种典范人物，让他去影响和带动别人，从而带动整体的效率。

● 要拿出充沛的时间与员工沟通

作为一名管理者，你要拿出足够的时间与员工进行沟通，使双方的心灵得到交流。这很重要，因为当一个管理者与员工开始沟通时，员工其实已经受到了很大的激励，员工会在潜意识中认为你已经开始注意并重视他了。

每个人在团队当中所要寻找的就是一种受重视的感觉，也就是一种存在感。因为一个人终其一生，一直在不断寻找的，其实就是一种被他人重视的存在感。拿破仑讲过一句话，他说誓为徽章而死。徽章代表了团队至高无上的荣誉，所以只要能够帮助团队夺得这枚徽章，就证明他是团队当中最重要的人，这就是荣誉感的魅力，这说明每个人都希望被团队重视。

上司与员工沟通的行为，表现出你很重视他，团队很看重他，你也特别希望听取他的建议，所以他就会受到很大的激励。同时在沟通的过程中，你也会有自己的收获，比如你会发现有很多需要双方沟通的问题。你会找到他最近工作当中有哪些失误，原因是什么，并帮助他及时纠正。而且通过沟通，我们还可以让员工站到全局和客观的角度，从长远和发展的视角看问题，帮助员工积极发展，进而对团队产生更加积极的影响。

● **制定一套激励人心的团队制度**

一个优秀的团队要想把事情做好，将事业推向无穷的高度，就必须在激励方面，形成一套行之有效的制度，实现激励管理上的科学化和规范化。在这方面，最怕的就是管理者大搞一言堂，实行人治的激励，而不是依靠制度。

假如你的一名手下已经具备了成为优秀经理的能力，但是团队中没有相应的晋升制度，经过努力也不能坐上那个位置，那么他很可能就会选择离开这家公司。如果你的另一名员工无论怎么努力工作也得不到更多的收入，他也会离开你的公司或跳到别的部门。总之，不能形成一系列激励制度，他们的心就难以被你的团队俘获，这些人就不想为你工作。

● **团队的奖励机制一定要尽可能公平**

虽然没有一种激励机制是绝对公平的，但至少我们要做到相对公平，也就是对每一个人都采取同一种考核标准。你要清楚，员工不是在真空中进行工作，他们总是在不断进行比较，他们会思考这家公司的奖励机制是否公道、是否对他们有歧视。员工不是傻瓜，如果你觉得他们是那种容易满足或者被繁忙的工作塞满了时间、没有精力去判断你的激励制度的人，那就大错特错了。

我们可以打个比方，如果你大学毕业后，来到一家公司，给你一份月薪三千元的工作，你可能会感到很满意，并且工作很努力。但是，如果你在工作了一段时间之后，发现另一个和你同时毕业，与你的年龄和学历相当的人，他和你同时进入这家公司，从事的是同一种工作，月薪竟然是四千元的时候，你会有何反应呢？你一定会感到十分失望，同时也不会再像以前那样努力工作了。一千元的薪水差别其实不是问题的症结所在，关键在于这让你觉得不公平，从而对未来失去了信心，并认为你继续待在这家公司没有前途。

所以，管理者在设计团队的薪酬体系时，公平的奖励原则十分重要。要想激发员工的工作热情，你就必须就员工的经验、能力、努力程度等进行公正客观的评价，绝不允许出现特权员工。

● **激励的六大基本原则**

（1）对员工的奖励，你要认识到一个基础：它必须是每个人都有能力争取到的，而不是遥不可及，或者只有少数人才可以得到的。

（2）必须要进行公开的奖励。如果只有获奖者和他们的直接上司知道奖励的结果，那么奖励就失去了它的价值，并被其他同事所鄙夷，从而达到相反的效果。

（3）最好的奖励方式是具有高名誉价值和低金钱价值的"礼物"，比如在IBM公司，最好的、最有力的、最成功的奖励方案之一是销售人员的月奖励——获奖者被授予一个证书和一个展示在他们写字台上的价值2美元的橡皮鸭模型。另一个成功的方案则是，获奖者得到的奖励是一次与CEO共进午餐的机会，在吃饭时，CEO将请获奖者谈他们的工作。相信我，这比给他们多少钱都来得重要和让他们满意！

（4）现金奖励是一种最没有激励性的和最为拙劣的激励方式。你可以这样认为，如果一名员工得到了现金红利的奖励，他可能会更加过分地依赖金钱，并且不可避免地提前花费，而且只会把它当作综合工资的一部分，你想达到的效果，可能一点都没有起到。

（5）任何一种奖励方案都应当是短期的，并且要与工作周期相联系。正如工作目标一样，如果在激励之前，你将奖励方案限制在三个月的范围内，将会起到非常不错的效果。

（6）作为一名团队主管，你要弄清这样一个事实：随着时间的流逝，用来激励人的方式要发生变化，并且你应该使用不同的（尽管经常类似）激励方式来激励你团队中的每一名成员，让他们保持积极的工作热情，为团队作出贡献。

晋升的梯子爬不完

每一名团队主管都在用升职的礼包刺激手下的工作热情,他们似乎觉得,只要手中还有这些诱人的礼包,下级职员就会且只能乖乖听命,拼命地为完成自己设定的目标而努力工作。

问题是,晋升是一把爬不完的梯子,你给他两米的高度,他会想着有一天能爬到三米、五米甚至更高。

你手中有多少这样的礼物呢?总会有穷尽的时刻,到那时,你拿什么来激励员工继续为你的团队努力?

在员工晋升和奖励方面,我给出的建议就是:不论任何时候,好处都不要一次给尽。

许多管理者在握有晋升权力之时,任意地打破提升的常规,不但提拔的人非常多,而且员工升迁的速度太快,于是就会产生很多的不良影响。

1. 业绩到底如何,短时间内无法考察

如果升职的时间和周期太短,你就没有办法客观地考核一个人的工作情况,因为他只是在这个位置上待了短短的几周或者一两个月,很多内在的素质和真实情况,并没有充分地表现出来。

明代的宰相张居正就说过一句话:器必试而后知其利钝,马必驾而后知其驽良。什么意思呢?对一个人的才能,应该试用,方知他到底如何。你在提拔

一个人时，需要全面考察，比如他的德、能、勤、绩，将这些都考核过了，最后再以业绩为主。而如果你对他的提升太快，就无法考察了。

2. 不利于这名员工的成长

有些员工因为自己的晋升过快，没有做好充分的准备，还没有积累到足够多的知识和经验的时候，就坐到了自己不怎么胜任的位置上。如此一来，即便晋升了，也会因为他准备不足，坐在这把烫屁股的椅子上，也只能是一个空壳，这对他的成长会极为不利。

3. 不利于这名员工的工作取得成效

如果一名员工在工作时，总是处于一种"打一枪换一个地方"的状态，他还没有真正熟悉岗位要求，就获得了升迁。那么由此产生的后果是，他对一个岗位的工作，不会有什么长远的打算。这样他的事业心和责任心怎能不受影响？肯定会产生功利投机主义的心态，为了晋升而工作，而不是为了工作而努力。

4. 使员工的权力欲过度膨胀

如果你让他的升职速度过快，有些人就会产生有心当官、无心干事的心态，这山看着那山高，他在一个台阶上还没站稳，就想给自己挪挪窝了，甚至会不择手段，只为升职。要避免这种情况，你就要严格地控制员工的超前晋升。

晋升就像一把爬不完的梯子，你需要让员工明白，一些位置是不可以很快获得的，必须通过长久的努力，慢慢地达到目标。在晋升的过程中，总会有人掉下来，但大多数人还是一直在向上爬。这是一种具有无穷吸引力的激励措施，会让员工在不断满足的过程中，又面临着无穷的挑战。

因此，提拔人才不要太快，你最好设置一个过渡阶段，把握提拔人才的尺度，不可由一个极端走向另外一个极端。也就是说，你不能老是将一名能干的员工摁在下面，不给他一点甜头，也不能在他有一点出色表现的时候，就立刻给予奖赏或者给他太高的待遇。在一支团队内，你要让他明白，虽然他很有才能,但任何晋升都必须等待适当的时机。为了不让他感到失望,双方可以达成默契,晋升不过是时间早晚的问题,太快了则不利于他的成长。

合理的晋升激励,应该是一种隐性的激励,企业和团队收获的将是一种长期效益。

你的成员往往需要在多次博弈中才能胜出。所以,聪明的团队领导者都需要深谙此道,把晋升进化为一种长期和不确定的诱惑,避免晋升太快出现不可控制的意外问题。

比如下面这个故事就能说明一切:

曾经有一位老板,他很欣赏一位职员。那是因为这位职员无论是工作能力还是工作态度都没得说。经过一番试用,老板决定立即提拔她做主管。在该公司,这是老板提拔一个人最快、用时最短的一次。于是有人就判断说,恐怕这位主管做不长。因为这里有几个人是很妒才的,而且后台又硬。尤其是女性,但凡有本事的都在这里待不长。

果不其然,上任后,女主管很快显示出了她的能力,以前处理不了的事情她都能处理好。尤其是在工作质量方面,公司里没有人能超过她。老板娘的弟媳外出跟单总出一些废品,她一出马质量马上上来,生产一下子顺畅起来。

本来是件好事,但没想到无意中就这样把人得罪了。于是工作当中给她设置障碍的人增多了,在老板面前说她坏话的也多了,老板娘出面挑剔的次数也多起来了……面对这种情况,老板不得不找一个机会,把她下放到基层,目的有以下几个:一是让她进一步熟悉产品;二是抵消一下别人的嫉妒;三是磨炼一下女主管的抗挫折能力。女主管接受了,但这同时也给了她曾得罪过的那些人报复的大好机会。终于,女主管不堪此考验,先是采取了请长假的方式，然后就找老板谈离职的事。

老板看到女主管态度坚决，也就只好同意了。

晋升过快，不但对一名员工的自我发展意识是一种极端的促进，也激发了他的权力欲望，而且从客观环境上来说，也容易引发周边同事和各种关系的嫉妒。这个故事中的女主管，遇到的就是这样的情况。所以，过快的晋升，反而在最后害了她。

如何才能建立一种良好的晋升机制呢？

关键就在于，你要让员工看到无尽的晋升空间和体现自身价值的机会，让他对工作永远充满激情与动力。如果你能在团队的内部为员工创造更大的施展拳脚的空间，使他有所挑战、有所期待，同时控制晋升的速度，一步步给予，而不是一步到位，那么，员工会清晰地看到自己未来的发展空间，他也会在工作上更加努力。

驰名全球的日本松下电器公司创始人松下幸之助提拔山下俊彦为总经理的决策，表现出了一名伯乐的非凡才能。山下俊彦当初只是一个普通的雇员，他被提升为松下分公司部长时只有39岁，后来又历任要职并当了公司的董事。

他是如何被创始人松下幸之助慧眼识中的呢？

这得益于山下俊彦的经营管理成绩卓著，具有出众才能，而且对公司内部因循守旧等弊端看得准，又锐意改革。松下幸之助发现了他的才干，认为他是难得的杰出人才，在整个公司也是最优秀的将才。于是，松下幸之助遂决定破格起用山下俊彦。

当山下俊彦年富力强时，就从一个名列第25位的董事，越过前面所有资格很老的董事，直接晋升为总经理。山下俊彦当了总经理后，也颇有松下幸之助之风。他重视有才干的年轻人，亲自

提拔了22名具有战略眼光、能力出众的新董事，于是公司的经营管理领导层，在短短几年之内得到了空前加强。

在山下俊彦当总经理的第二年（1978年），该公司的经营状况就从原来的守势经营很快变为积极进攻的态势。到了1983年，松下公司的利润总额已达到18911亿日元，比他刚上任时的1977年的利润额9788亿日元几乎增加了整整一倍。

通过上面这个案例，我们也应该意识到，对手下的升迁不要太快，哪怕他的能力再出众，但我们也不能让一名能干的下属等得太久。特别是当你发现一名手下的能力的确超群，机不可失失时不再来时，在合适的时机就应该马上出手，避免出现"该用的人没用，该留的人没留"的遗憾。

TEAM

CHAPTER SEVEN

提供晋升平台

>>> 给他表现和晋升的机会

>>> "利用价值"决定分配机会

>>> 有危机才有竞争

给他表现和晋升的机会

一个人获得了一份工作,进入了你的团队,他不会想着拿到每月的薪水就完了。他不但想赢得暂时的席位,还想赌自己的将来,成为命运的主人,影响团队的发展,并继续向上攀升,成为团队的主人之一。

这是人的职业本性。你作为一名主管,不要挡在他前进的道路上,而要栽培他,让他有机会赢,并且在他胜利的时候加以奖赏。在他工作进步时,给予赞赏,给他机会讨论他所关心的事,参与决策的制定和问题的解决,并经常回馈。

尤其是,你要给他表现和晋升的重要机会,使他在团队中看到上升的希望,你还要允许他窥伺你的位置,适当激励他的野心。

日本的索尼公司是一家伟大的公司,它有一支优秀的管理团队。索尼公司之所以会一直强盛不衰,是因为它有着一套完整的内部晋升制度,这套制度的建立,就源自其董事长盛田昭夫一次与员工的闲聊。

盛田昭夫不仅喜欢与员工聊天,也经常鼓励员工为公司提建议。有一次,他到员工餐厅就餐时,发现一位年轻职工郁郁寡欢、满腹心事。于是,盛田昭夫主动坐在这名员工对面,与他攀谈,

CHAPTER SEVEN | 提供晋升平台

和他聊心事。

过了一会儿，这位员工终于主动开口了："我毕业于东京大学，原本有一份待遇十分优厚的工作。进入索尼之前，对索尼公司崇拜得发狂。当时，我认为进入索尼是我一生的最佳选择。但是，现在我发现我不是在为索尼工作，而是在为课长干活。坦率地说，我这位课长是个无能之辈，更可悲的是，我所有的行动与建议都得不到课长批准。我自己的一些小发明与改进，课长不仅不支持，还挖苦我异想天开，有野心。我现在对在索尼的工作失去了兴趣，也很后悔自己放弃了那份优厚的工作来到这里！"

这番话令盛田昭夫非常震惊，他顿时感到，类似的问题在公司内部恐怕会有不少，管理者应该关心他们的苦恼、了解他们的处境，绝对不能堵塞他们的上进之路，于是，盛田昭夫就此产生了改革人事管理制度的想法。

之后的索尼公司，开始每周出版一次内部小报，刊登公司各部门的"求人广告"，员工可以自由而秘密地前去应聘，他们的上司无权阻止。另外，索尼公司在原则上每隔两年就让员工调换一次工作，特别是对于那些精力旺盛、干劲十足的人才，不是让他们被动地等待工作，而是主动地给他们施展才能的机会。

像索尼公司这样，对于员工的晋升通道不设置障碍，反而对员工的绩效多给予积极反馈和肯定，顿时增加了员工的自信心，从而使得每一名员工都能卖力地工作，直接促进了公司的成长，壮大了团队利益。

但是现实中，我发现有很多的管理者总喜欢指着员工的鼻子大骂。尽管这名员工的工作稍有瑕疵，可总体上，他的业绩还是向上的，就因为管理者的这种恶劣态度，让员工看不到任何上升的希望——升职没有指望、工资的增涨也看不到希望。时间一长，他肯定要主动离职，因为他的自信与自尊已经在你这里大受打击。

任何一名员工,都需要得到团队管理者的不断认可和关注,当他完成一项工作的时候,就希望得到你的肯定和赞赏。如果你能适当地给他以希望,他的信心就会大增。对管理者来说,你的赞赏是一项秘密武器,你需要在最适当的时候把它拿出来。用得太多了不行,因为给得太容易,下属就不珍惜;而用得太少了,员工又会看不到光明,自然效果也不会太好。但如果你仅是在某些特殊场合和员工稍有成就时使用,产生的效果就会大不一样,可以让员工更加具备竞争意识,希望能在团队中得到提升与晋级。

因此,对于一名团队主管来说,你需要给员工指出一条发展之路,为他的晋升提供机会。

团队中的人才,来源有两个渠道:一是从外面进行招聘;二是由内部培训和提拔产生。外面的招聘,固然可以在短时间内解决问题,但毕竟不是自己培养的,忠诚度有时会是管理者最大的顾虑。所以,内部的晋升机制,就成了一个团队造血来源的重要保证。从团队的内部选拔上来的人才,因为熟悉业务、了解情况、不必考虑更多的其他问题而越来越受到各家公司的重视。一家公司能否最大限度地开发自己的人力资源,利用好自己的人力资源,实际上已经成为现代企业的主要问题之一。

从这一方面讲,为了员工可以胜任他当前及未来的工作,应给他提供培训的机会。对员工来讲,给他培训的机会,就意味着他被重视,将来有可能被提拔,而员工也会因为感受到了这份重视,内心备受鼓舞,从而更自觉自愿地努力为团队作贡献。

对员工的培训,我们有三个目标,即可以起到三种主要作用。

1. 提高员工的自我意识能力

通过这种培训,员工可以更好地了解自己在团队里的角色和应该承担的责任、义务,他会因此而认识到自己不但要为自我利益负责,更重要的是要为团队利益承担责任。简而言之,这一条目标是提升员工的团队奉献精神的。

2. 提高员工的技术能力和相应的知识水平

每家公司都离不开岗位技术培训，因为市场在发展，竞争不断加剧，如果一名员工的素质一成不变，那就意味着团队平均素质的落伍。不但员工，管理者自身也需要不停地提升能力。

培训的目的在于让员工变得更加胜任工作，提升他们的工作能力，使他们具备晋升的基本资格，而不至于因为不胜任被团队淘汰。事实上，当一名员工变得不胜任时，除了他自身的原因外，团队没有及时给予指导，也是原因之一。

3. 转变员工的态度及工作动机

许多人会没有心情工作，这是事实。我在为国内一家广告公司做管理顾问时，经常发现一些优秀的员工会不定时地出现情绪低落和沮丧的现象。他们的能力很强，但都出现或多或少的懒惰情绪。在工作中不能发挥出水平，或者是工作的成效不高。这是因为他们没有受到良好的激励及形成对工作良好的愿望和态度。

在 CVS Caremark 公司的时候，我也经常遇到这种情况，比如有一位叫汉森的美籍员工，他是一位把公司当家的人，35 岁了还没有结婚，每天都会留下来主动加班，甚至有时连固定的休假也乐意取消，一直全身心地投入工作。

但是，在我出任公司行政总监的第二年，我发现汉森的工作态度发生了极大转变。他不再主动加班，而是经常借故请假。在公司的时候，他的工作效率也下降了，还时常走神，总是望着窗外做沉思状。

经过暗地里的调查和详细了解，我发现汉森的家庭生活并没有出现问题，他还是和以前一样处于单身状态，也没有跟任何人发生纠纷。那么，问题只能出在公司。我决定找汉森谈话，经过几次私下约谈，我弄清楚了事情的原委：晋升通道。汉森希望得到一次升职机会，但公司一直没有给他，理由是他的工作能力与公司的期望还有些许差距。可是，相关的人力资源部门的主管，并没有将这个决定和理由通知汉森。

所以，这方面的培训必不可少。管理者应该让员工清楚地意识到，只有转变工作态度，才能提升自己的工作能力；展示自己的工作成果，进而才有可能获得晋升机会。对员工的评价，以及他应该作出的改进，必须及时地反馈给员工，让他及时作出调整。

在现代的优秀公司中，一名出色的团队管理人员总是注视着每一名员工的细节表现，并时刻为干预做着准备。作为一种积极的干预手段，转变员工态度的能力，是每一位团队主管都必不可少的。

CHAPTER SEVEN | 提供晋升平台

"利用价值"决定分配机会

一家公司对员工的机会分配，往往是基于他的"利用价值"的。说白了，在公司与员工之间，本质上就是一种利用与被利用的关系。这一点不只存在于员工与公司之间，管理者与公司之间也是如此，甚至对老板来说，他都无法逃脱被市场和自己的公司利用的命运。在这个基础上，团队当然喜欢那些利用率高的员工。所以，一个人想在团队中很好地生存，就要让自己有被利用的价值。

当年我在 CVS Caremark 公司刚开始自己的工作时，就深深明白了这一点。我可以在这里获得最好的前途，是由我能够为公司提供的最高价值决定的。所以我始终将提升自己的能力放在第一位，从来不在没有作出贡献的时候就妄想得到更多的回报。这个想法也决定了我今后的生存规则，即我必须时刻想着为公司提供价值，而不是晋升到哪一个职位。

但是迄今为止，我看到更多的人，他们将主要的精力都放到了向团队索取回报上面，注意力并不着眼于如何提高工作效率，让公司赚钱，帮助上司更好地工作，体现自己的执行力和上升的潜质，而是着眼于能够拿到的薪水或者获得的职位。一旦回报稍有降低或令自己不满，他们就大失所望，抱怨不断，甚至与上司撕破脸皮，感到自己怀才不遇，团队对自己根本就不公平。

可真实的原因呢？是他们为团队提供的价值，不足以得到自己梦想的回报。这就是我们要明白的，你的利用价值决定了团队对你的机会分配，也主宰

着你自己在团队中的前景。没有哪一个人是能够靠投机取巧在团队中获胜的。从长远来看,所有的人在一家公司中获得的待遇,都是他真刀真枪的付出所得。只要你认真而且努力去观察,并抱着任劳任怨的态度对待自己的工作,你就能够验证这一观点。

● 请记住,没有一家公司愿意把利益分享给一个不劳而获的寄生虫

当公司发生危机时,最先被裁掉的都是哪种人呢?是那种平时只会收发文件和打扫卫生的人,而不是负责做项目的骨干。也就是说,越是有价值的员工,有能力为公司创造巨大效益的员工,他们往往会收获更多成功的机会,也会在公司面临风险时,有更大的资本来保住自己的位置。作为一名最有价值的员工,他的身上最典型的特点就是:公司不能没有我!

所以,管理者会把最好的机会留给公司最需要的人,让他为公司创造项目盈利。同时他也会把晋升的机会留给那些最有潜力的人,因为这样的人,可以为团队创造长期的效益,是一种基于未来的出于利用目的的投资。

草原上的犀牛是一种最不容易让人侵犯的动物,它却整天驮着一群小白鸟。犀牛之所以可以容忍小白鸟,是因为小白鸟在为它清理身上的寄生虫,而小白鸟生活在犀牛的背上,是因为可以获得食物。彼此的关系是生存的需要。

绿虾的一生生活在鳊鱼的嘴里,这是非常危险的事。但鳊鱼绝不会把绿虾吞进肚里,因为绿虾会以自己的晃动来吸引其他小鱼为鳊鱼充当食物。于是,绿虾成了鳊鱼生活的一部分。鳊鱼本能地知道,它不但不能吃掉绿虾,还要好好地保护绿虾,夜晚把绿虾含在嘴里,让它留宿。只是绿虾一旦老了,或是不能再为鳊鱼引诱食物了,鳊鱼便会把它赶走,再换一条年轻有用的绿虾。

这些例子表明，一旦有一方失去了他的作用，就会立刻被另一方所抛弃。每个人都在理性地辨别对方是否还有用处，有时候这种规则也存在于恋人、婚姻和家庭当中，残酷但又铁定存在。

从这个角度看，一名员工就会发现，有些时候，首先是因为他自己没有了用处，至少已经不再那么重要了，所以团队才会抛弃他，而不是管理者或公司有意地抛弃他、故意地仇视他。互相抛弃的原则，就是基于有用还是没有用，这条规则非常简单。当一名员工在公司失去了利用（使用）价值时，说明这个人要么变得不胜任了，要么就是躺在过去的业绩上面睡大觉，不思进取。他已经不能适应团队发展的需要，因此只能被淘汰掉。

● **让自己有足够的价值，才能受到团队的重视**

可惜的是，我们发现，很多人并不承认自己的利用价值已经消失才导致了从团队中出局。他们不承认自己的无用，而是拼命地要求管理者："你还应该像以往那样对我，否则就是不公平！"他看不到一个人在公司生存的最根本基础是什么。保证他在团队有所发展的，是他的价值，而不是他的理想。

管理学学者余世维说过：人要永远保持自己那份被人利用的价值。是否能够保持有被利用的价值，对一个人的前途来说至关重要。

当然，在团队中，和自己的上司搞好关系也是一门必修的功课，为自己找一个好的靠山很重要。但是比这更重要的，是他必须让自己拥有足够的价值，以至于每名上司都会来拉拢他。作为管理者来说，他也应该看到和利用员工的基础价值，并开发他的上层价值，激励员工努力表现，为团队作出贡献。

任何一名合格的管理者，都会喜欢那些既忠诚又能独当一面的人才，所以对于员工来说，只要你可以做到这两条，就可以在任何团队中找到你的位置。不管换多少上司，甚至是连老板都换掉，都不会影响你的前途，你的晋升之路将畅通无阻。但如果你没有不断地去充实自己，迟早会成为团队的弃儿。

有危机才有竞争

在一个有活力的团队里,处处都存在着竞争,没有竞争,就不会有发展,竞争力不但能给员工在团队中进行定位,还决定着这个团队的命运。但是如何激发并恰当地引导竞争,又是团队管理的关键所在。一家成功的公司,就要时刻给员工树立一种强烈的危机意识,告诉它的员工:做得不好,就要被淘汰。因为物竞天择,适者生存,是这个社会唯一的生存规则,任何人都无法逃避。

我在开会时经常会对自己的部下说这么一句话:"业绩永远是比出来的,而不是用嘴巴讲出来的,所以你们不要整天跟我汇报自己做了多少工作,我只看数据,看你们的行动。"

通过这种残酷的竞争机制,强化员工的危机感,会更强烈地刺激他们积极地参与竞争。只有通过不断竞争,才会激发员工的大部分潜能。因为我发现不少员工对自己的工作敷衍了事,习惯了做数据表格,而不去重视解决具体的问题。所以,我只能用残酷的考核标准,拿下那些排在最末端的人,从而刺激多数人意识到,自己的位置并不保险,只有努力向前不停地奔跑,才不至于落伍。

这就像神奇的鲇鱼效应,作为一种有效的团队激励手段,两个人跑步总要比一个人跑轻松,因为竞争可以将人的荣誉感激发出来,让他们为了捍卫自己的面子、自尊,拼命地释放自己的潜能。你要知道,人都有惰性,只有当竞争性表现出来的时候,他们才会战胜自己的惰性,为了搏一个生存的位置努力,直接为团队作出贡献。

　　日本的公司永远值得我们去学习，它们在危机感的灌输方面，有着全世界独一无二的文化。日本人每天都活在危机感之中，随时都有失业的预感，所以他们每天都很努力，生怕任何一件事做得不够完美，就让上司抓住把柄把他们开除了。因为在日本，失业的人是很难找到一份新工作的，就算你再有能力，只要失去了一份工作，想找到下一份新的工作，就要在家里待很长一段时间，需要运气眷顾，才能再次就业。

　　有一次我去松下公司考察，他们的人事部门主管向我介绍了松下的员工竞争机制。他们在每个季度都会召开一次由各个部门经理参加的讨论会，以便彼此更了解运营成果。在开会之前，公司的负责人会将所有部门按照完成任务情况，从高到低划分为四个等级。在会议上，第1等级的部门会因为业绩高而获得率先报告的机会，以此类推。这样在无形中就形成了员工争强好胜的心理。于是，每个部门都不甘落后，想争取在下一次获得优先的机会，这使得松下的业绩飞速增长。

　　回到美国，我在给塔吉特公司的中层干部做管理培训时，就提到了松下公司的这个案例。我告诉他们："不要觉得自己升到了一个让人艳羡的职位，拿到了几万美元一个月的薪水，就可以高枕无忧了。不但在员工之间，在管理者的同级对比中，竞争机制更加残酷无情；如果你作为管理者都没有危机感，那么可想而知你的下属会是什么样子的。"

　　国内也有一些优秀的企业家，比如阿里巴巴的马云，他在谈到公司为何会如此迅速地成长时，向人们介绍了自己的经验：因为我总是让员工和自己充满危机感。如果不想死于安乐，就要一直让自己处在冬天。

　　○　团队主管应该不时地提醒员工：我们的公司可能会倒闭，部门可能会解散，你们可能会失去工作！只有这样，才可以激励员工尽其所能，努力为公司付出。

　　○　员工必须有适当的工作危机感：因为有压力才会有动力，只有不停地

战胜挑战,员工才会更加确信,自己要为部门和公司作出更大的贡献。

在20世纪60年代末,"加农"打入了计算机市场。它研制的键盘式计算器试销后十分成功。但是好景不长,"加农"在与"卡西欧"推出的小型计算器的竞争中连连失利,出现了巨额赤字,甚至一度到了濒临倒闭的边缘。

怎样才能摆脱颓势?当时的董事会成员贺来提出:我们应该把危机告诉全体职工,让他们知道企业处于危险境地的真相,唤起他们的危机感,让大家背水一战。而这种危机感将会使大家群策群力,这在平时是做不到的。

"加农"采纳了他的建议,向公司的全体员工发出了危机警告。那些以为身居大公司可以高枕无忧的人顿时紧张起来了。员工小组加强了活动,新建议和新方案层出不穷,如何挽救"加农"成为大家日常议论的话题。贺来归纳了员工的建议和方案,同时充分发挥了员工的积极性,最终,"加农"不但顺利度过了危机,而且在六年内就走向了世界。

培养下属的危机意识,是现在我们这些管理者一项特别重要的工作。下属可以做不到最好,但他们一定要能努力地向更好的方向前进,不能出现懈怠和混日子的现象。从管理的角度说,这不仅是一种管理手段,而且是为团队的整体利益着想。

如果你是一名部门经理,一方面要使员工有压力和充满危机感,让他们感到如果今天工作不努力,明天就要努力找工作,而且很可能找不到工作。让员工总是能够积极主动地提升自己的工作素质,而不是总由你揪着耳朵去充电和学习;另一方面,你要将员工的前途与自己的前途结合在一起,实现利益捆绑,建立起牢固的团队精神。

你可以采取一些具体的途径来实现这一想法，比如危机管理的知识，让下属清楚工作和生活中处处都有陷阱和危机，让他们学会转危为安的方法；其次，你要让员工辩证地看待危机，明确不断学习是解决问题的动力源泉；最后，帮助他们加强危机处理的案例分析，提升员工的综合素质，培养他们的敬业精神。

通过切实有效的培训和危机意识的灌输，让员工感受团队的发展与自己利益的关联性，让他们的危机意识成为一种本能的自觉行为，并养成独立处理危机、提升竞争的能力。只有这样，才能让整个团队从中受益，达到预定的绩效目标。

TEAM

CHAPTER EIGHT
领导力

>>> 好的领导人必须是造梦大师

>>> 施一份宽容,恩泽万丈

>>> 确立规则,抑恶扬善

>>> 责任与权威和恩典必须共存

好的领导人必须是造梦大师

经常会有人在各种场合问我同一个问题:"请您告诉我,领导力到底是什么?"许多管理书籍动用长篇大论讲述这个问题,列出各种数据,但这些书籍总是不得要领。其实领导力说白了很简单,管理者让员工在拥有"梦想"并明确个人近期目标的前提下,激发其不断积极工作的意识,更好地发挥员工自身的潜力,并且聚拢他们的凝聚力。这就是领导力的实质。

要想达到这一目标,不仅需要员工的努力,还需要你为他们"造梦",这就要求你必须是一个造梦大师。

有一部好莱坞大片《盗梦空间》曾在国内的各大影院热映,巨星莱昂纳多饰演的多姆·科布是一个经验老到的窃贼,他有一种叫"摄梦术"的绝技,可以在人们精神最为脆弱的时候潜进这些人的梦中,窃取他们的潜意识中有价值的信息,然后帮助客户判断目标人物的下一步战略决策,甚至给目标人物植入一个新的想法。这个过程称为造梦,他需要与目标人物建立"潜意识"连接的平台,找出丝毫不会引起对方怀疑的梦境,趁机将他与客户事先设计好的思维植入目标人物的大脑中,从而达到控制目标人物思维的结果。

在现实中,我们当然不可能通过这样的手段为员工植入想法,但是从本质上来说,管理者对员工的造梦,其启示作用却是相同的,都是一种想法植入的领导力的体现。

美国马萨诸塞州巴莫尔的戴蒙德国际纸板箱厂的管理层就很善于为员工编织梦想。这个厂曾一度因市场萎缩，让工人为其前途担忧，大部分员工工作态度消极，认为管理层对员工不够尊重。对此公司管理层推出了"100分俱乐部"计划，无论哪个员工，只要全年工作绩效高于平均水平，都可以得到相应的分数，并会将结果送到员工的家里，如果是满分的话，可以获得奖励并得到一件印有公司标志和"100分俱乐部"臂章的浅蓝色夹克，这成为员工努力工作的标志，使员工感到工作被认可，同时将结果送到员工家里也满足了基层员工自我实现的需要。

因此这个方法实施一年后，员工的不满意见大大减少，绝大多数员工在被承认、被重视的前提下，工作效率大大提高了，与工厂的关系也更加密切了。

这家公司的管理者们将企业的发展与员工的个人理想连在了一起，了解了员工的心理，把握了员工的需求，使"意识激励"成为员工的成长目标，让企业和员工在共同的"梦想"和愿景之下达到了双赢。

这个案例中，虽然"100分俱乐部"的计划只是一个小小的"梦想"，也许不值一提，但却让员工有了近期的工作计划，也让他们在自己的工作中感受到了充分的尊重和肯定，改善了公司与员工的关系，为团队的发展带来了不少益处，这就是戴蒙德公司的成功之道。

我多次向团队主管们强调，当你接手一个团队时，要明白员工需要什么。梦想是他们起航的原动力，管理者应该让自己成为"船长"，告诉你的员工哪里有宝藏，给员工"造梦"，帮助那些没有目标的员工树立自己的梦想，给他们一个航向，并且帮助他们制订近期的工作计划，给他们一个实现自我价值的舞台。

一个人在团队中表现出的领导力，就是带着手下去干出成绩，这是干成事业的必要条件，也是一群想做事的人必须有的先决条件。一个企业想把事业做大，就必须要依靠一个良好的团队来运作。而团队要想良性并且迅速地成长就需要好的带头人，这个好的带头人，一定要具备强大的领导力，能够给整个团队造梦，让人们为了一个目标而执着地努力。

● **如何才算是一个好的领导人**

1. 定义：他必须依靠自身的品格和智慧的力量，不断激励众人朝着组织的目标奋勇前进。

2. 他有时候可以是英雄，但更多的时候，必须是可以成长与培训的团队领导者。换句话说，英雄能做常人做不到的事，不可以复制；领导人却是可以培训，并且是可以复制的；他可能不是英雄，但能够胜任团队的领导工作，并且可以培养接任的领导者。

3. 一个具备领导力的管理者，他明显具备三大特征：

（1）指引：管理者的第一任务就是解释现实并展示未来，给员工造梦；

（2）激励：激励是最有效的管理，要懂得如何控制和利用员工的激情；

（3）品格：团队其实正是管理者自身品格特征的反映，他必须正直、可信、智慧、富有实现力。

具备了这三种特征，你才算是一个合格的管理者，其中尤以第一条最为关键。你想建立庞大、稳健的团队，就必须永远做正确的事，能够影响并且带动下属的成长，帮助员工学会成功者的思考方式。你可以以自己的思考、心态和信念的力量，营造团队的梦境，使得员工相信100%会成功，给他们移植坚定的信念。

● **造梦和激励的本质**

像火炬传递者一样，帮助员工点燃心中的梦想之火，让员工对未来美好的前景充满幻想和憧憬，激励他们不断地向着目标前进，不管在前方会遇到什么挫折，让员工觉得这只是小插曲，只要努力很快就会过去，一定可以达到理想的彼岸。

1. 你不要将困难看得大于梦想

管理者的职责就是去解决困难，当你的梦想足够大时，现实就显得不那么重要了。你应该明白的一点是，团队的成就不是由你遇到的问题决定的，而是由你所解决的问题决定的。团队的未来，以及你事业的前景，其实是由你解决问题的态度决定的！领导力体现在去解决问题，而不是背负问题，让问题越来越多。

所以，那些拥有远大梦想的管理者，他可以把本来一无是处的东西变得很美好，因为他的眼光总是要高于团队成员的眼光，这种眼光和决断有时候甚至会延误你的发展，但这极富有价值，可以为团队奠定雄厚的、不可限量的发展前景。

当你不再害怕困难时，一个企业必须要思考的三个问题就摆在了你面前：

第一，我们的公司是什么？

第二，我们的公司将是什么？

第三，我们的公司应该是什么？

这三个问题集中起来，就体现了一个企业的愿景——你为自己的下属营造的梦境。

管理学大师德鲁克讲过一则故事，说的是有一个企业家，他分别问三个正在用石头盖房子的石匠在干什么，第一个石匠说："我终于找到了一份好工作，我在维持生计。"第二个石匠说："我正在做一流的石匠活，做得还不错。"第三个石匠则说："我正在建一座教堂。"

这三个石匠的回答代表了三种不同的人生境界，他们的追求不一样。而从团队的角度来看，这三个回答则代表了三种不同的公司宗旨。前两种回答基本上停留在个体生存的层面，最后一个回答则上升到了精神层面。也就是说，这让追逐利益的团队拥有了更高的立意，那就是信仰，让人们把办公司和为团队效命当成一件具有伟大意义的事业。对作为团队一把手的管理者来说，这个梦境层次的高低基本上决定了这家公司是否团结和具有强大的凝聚力，以及他自

己能否将属下带好。

其中,当团队成员遇到困难和挫折时,对于领导人的考验最为实际,你要鼓励和告诉他们:"这没什么,只要加倍努力,就会迎来柳暗花明。"只做到这些就可以了吗?不,你还要引导他们去解决困难,灌输和提升他们实际的工作能力,激励他们鼓起勇气,并与美好的梦想结合在一起。

勇气是团队成员的第一潜能,在成长过程中,当他们缺乏足够的经验和意志力时,梦想很有可能会因为暂时的困难和挫折而突然破碎,比如你的团队突然遇到了重大的意外,一时间难以化解,就会有一些员工怀疑能否走出危机,对前景感到悲观。这时,你需要及时地扶他们一把,告诉你的成员,要勇于面对失败,只有敢于失败,才能成功。

在梦想面前,我们并不缺少成功的经验,最缺乏的恰恰是对失败的尝试。因此对一个成功的团队来说,没有失败,只有放弃。在困难前面,梦想如果是无穷大的,那么暂时的挫折就算不了什么,可以一跃而过;但如果你的团队梦想卑微而缺乏前景,则很可能一点小小的麻烦就能把你和团队轻易地击垮。

2. 你必须为团队设置一个美好的愿景

一个领导者,他对于团队愿景的影响是最深远的。团队管理者区别于追随者的重要一点就在这里,追随者自身没有团队角度的愿景和梦想,管理者却有,这使得他能够在复杂的环境中看得比其他人都远,并能够将自己看到的愿景向团队中的其他人描述,引起众人的共鸣,使他们能够心甘情愿地追随。

美国西点军校有一项领导力教学,规定所有的士官生都必须看《诺曼底登陆》这部电影,当他们看完后,教官会要求士官生们思考下述三个问题:

第一,当情境很复杂,而且和原来的想象有很大差别之时,一个领导者应该怎样行动?他应该具有什么样的品质?

第二,领导者的行为会对下属产生巨大影响,那么下属的行为对领导者具有什么样的影响?会影响他的什么行为以及他是否还能很好地发挥其领导力？

第三，从这部影片中，你学到了些什么？

你要影响别人，就必须先影响他的思维。而要做到这一点，首先你自己要有足以让他人信服的梦想。你是一个成功的造梦大师，就会拥有一支成功的团队。

现实中，员工们追随的首先是人，而不是计划。他们对于领导者的要求，并非直接体现在团队的目标上，而是关乎他们自身的实际利益：我能不能吃饱饭？我能不能在这里实现自己的价值？所以，公司的战略和计划通常并不是你做到成功领导的基础，比这更重要的是你必须主动承担责任，通过直接的参与和行动，体现出员工在你身上期待的行为，影响和鼓舞他们，告诉他们：你可以在这里实现自己的价值。

3. 你要把自己的梦想转移给员工

你需要把你的梦想变成别人的梦想，就像如果你要去融资，就必须给投资者造梦，让他们成为你决策和战略的忠实拥护者，对你的项目产生兴趣，继而对你这个人有信心，对你的盈利模式有信心和信任。让他们最终觉得，把资金交给你没有任何的风险，而且还能通过你获得丰厚的利润。如果你去找银行借钱，你得让银行觉得这笔贷款发放给你有利可图，不但可以得到丰厚的利息，而且在你的公司取得成功之后，你还会成为他们的优质大客户。

团队管理更是如此，你要不断地给你的员工造梦，成为一个合格的造梦大师。其中的重点是什么？是你要把自己的梦想变成员工的梦想，以及变成一支团队的理想和一家公司的集体梦想。

在一次管理培训中，我告诉那些坐在台下的中层干部："你要善于让你的员工为你的梦想而向往，而兴奋，而去努力拼搏。为实现你的梦想而齐心协力。"

有一家公司的老板，他做得非常成功，当我去采访他时，他对我说，给员工造梦这一点，他向来非常重视。以前他在某个小镇开一家小餐馆，不懂得给员工造梦，只关心自己怎么多赚钱，利益最大化，结果餐馆的生意一直不好，员工怎么也不努力，让他很沮丧。但是后来他无意中表扬了一个服务员，说她工作很负责，并随口说以后餐馆做大了不会亏待她。令人惊讶的事情马上就发生了，这个服务员开始到处介绍人到店里来吃饭，她的很多朋友都被她拉来了。

这就是造梦的巨大效果！发现这个秘密之后，这名老板的心里非常激动，他感觉自己刹那间就找到了与下属进行有效沟通的最佳渠道，甚至掌握了走进员工内心的钥匙。他开始把表扬员工当成一件重要工作来抓，每个星期都要开一次会或者搞一次活动。有目的、有计划地表扬几个员工，包括厨师还有服务员。他不断地给员工描述他的梦想、灌输他的梦想，构建他们共同的梦想，然后激发他们的梦想，达到给他们造梦的目的。

我问他："你是如何阐述的呢？"

他得意地说："我经常对他们说的话，就是我们这家餐馆未来将会闻名全国、将会如何如何强大。你们这一批跟着我创业的员工只要一直好好干，我绝对不会亏待你们。他们都很兴奋，工作热情当然就很高。于是，我发现我操的心越来越少了，管理比以前轻松了很多，他们的工作效率也越来越高，餐馆的生意当然也越做越大，我的钱也就越赚越多。"

由此可见，造梦实则是一名团队管理者必须具备的精英素质之一。不懂得造梦，你充其量只能做一支团队管理的执行者，永远将会是一名不上不下的中层干部，很难担负一个部门或一家公司的发展重任。只有学会给手下设计梦想，并激励他们为此而努力，你才能真正掌控一支团队，成为当之无愧的领队者。

施一份宽容，恩泽万丈

当一名下属犯错时，不管这个错误是大还是小，很多上司都会像被抽了一棍子，或者像被偷了几千块钱终于抓住了小偷一样，迅捷地扑上去，疯狂地进行严词批评，甚至将员工骂得狗血淋头，把员工的能力贬低得无以复加。他们认为这样才会起到杀一儆百的作用，让员工畏惧自己，从而不再犯错。还有些管理者，这时就好像终于抓住了整治下属的机会，一点错误就借题发挥，夸大事实，恨不得把员工活剐了才解气。

你是这样的上司吗？你有这样的倾向吗？

在我的管理生涯中，我发现，当遭受了许多批评时，下属往往只会记住管理者开头的一些话，其余的话他们就不听了，因为他们正忙于思索自己做事的过程，以及组织相应的论据来为自己辩护，反驳你刚开头的批评。你后面的话骂得再凶，可能只会伤害他们的自尊心，打击他们做事的积极性和创造性，产生对抗情绪，而对解决问题毫无裨益。所以如果你过于关注员工的错误，尤其是一些非根本性的错误，不懂得适时给予宽容的话，效果显然不会像你预料的那样好。

你以为狠狠地惩罚，就能解决问题了，其实恰恰相反，错误可能会因此而扩大。

在这里，我想起了L.W.波特提出的一项"波特定律"：总盯着下属的失误，是一个领导者的最大失误。聪明的领导者要学会宽容犯错误的下属，在批评的同时不要忘了肯定他的成绩或者态度。如果你懂得如何顾及部下的面子，就能

让批评产生预期的效果，还能受到下属的真诚拥戴。

● **不宽容的第一类领导者：独裁的团队主管**

团队独裁者很少会征求内部相关人士的意见，他不接受属下的进言，通常是因为害怕自己的意见不如手下正确，从而损害他的面子和形象。出于这种心理，团队独裁者经常不原谅犯错的下属或偶尔的失误，于是他的管理也就维持不了多久，手下在羽毛未丰时会暂时地屈服，但是他们很快就会感到不耐烦，当他们变得优秀时必将远走高飞，留下来的大部分是二流角色。

这些无奈留下来的人，相互影响，不做正事。结果就是，你团队成员的素质明显下降，处理事情很不顺手，甚至可能联合起来反抗，让你的意图得不到实现，公司的业绩受到波动，难以挽回，一发不可收拾。到这时，团队的独裁者就成了孤家寡人。

● **不宽容的第二类领导者：铁面无私和不通人情的刻板主管**

这样的团队主管处理任何一件事情，都严格遵循规则制度。他不明白，每一项制度都只是一般情况的标准而已，需要灵活处理，视具体情况来决定处理方式。最糟糕的是，这类主管常把员工看成机器，视为团队实现目标的工具。所以，他不懂得施恩，也不会施恩，只会拿着规定这根大棒乱舞。

员工最不喜欢的事情就是被看成机器，一点小小的错误都得不到原谅，上司总在用规则这把刀子来削他们的个性，压缩他们的空间，他们就不会充分施展自己的才能。这样的领导自然就没有领导力，而只有摧毁团队的负面能量。

● **宽容的团队领导：对下属进行人性化管理**

人性化的管理方式要求你学会换位思考，特别注意满足员工的需求，尤其是心理需求。不管他们是犯错还是有其他企图被你发现了，你都要有一颗同理之心，学会宽容，并能够主动给一些空间。这样的管理者，怎会有员工在私下批评呢？而且员工也会因为他的宽容而拥护他。由于让自己的手下的权益得到了最大限度的保障，他本人也会因此获益。

约翰是一家铝器工厂开发部的主管。约翰使用"人性化管理"的策略非常高明，他自己也受益甚多。他在许多细微处的做法与行动上都明显地表现了出来："你是个很理智的人，我很佩服你。我在这里是想尽力帮你的忙。"

当一个远道来的新员工初进他的部门时，他会想到这个人离乡背井、外出工作可能遇到的不便，尽量帮他找一个住处。

他还请秘书和两个女职员帮忙，适时地在上班时间替员工举办生日舞会。在这件事上花"30分钟左右"的时间不是浪费，反而是提升员工向心力的有利投资。

当员工本人或家属生病时，他会抽空去探望，并且夸奖他们各种业余的成就。

约翰"人性化管理"法的优越性，可以从他辞退一个员工的事上显示出来。他前任主管所聘用的一个员工是个"呆人"，对工作缺乏兴趣和能力。约翰要辞退这个员工，但他没有用老一套办法，把员工叫进办公室告诉他已经被辞退的坏消息，接着要他在15天至30天内办理移交手续，而是出人意料地采取了一些合理的做法，把事情办得漂漂亮亮，让人心服口服。

他首先解释，找一个新工作以便发挥"适才适所"的目的，对这位员工更有利，然后陪同该员工一起到一个很有名的职业咨询专家那里征求意见，接着又安排他跟别的公司的主管面谈，当然，这些公司都是必须用到该员工专业技术的公司。结果在"辞退会谈"之后的第18天，该员工就找到一份称心的新工作。

约翰解释说："主管应该爱护自己手下的每一个人。我们有责

任不聘用这些无法胜任的人,但既然已经聘用了,至少要帮他找一条出路才对。"

"任何一个人,"他继续说,"都可以轻易地聘用其他人,但是对于领导人真正的考验是'如何辞退员工'。在员工离开之前,帮他找到另一份工作的做法,会使所有的员工真正感觉到'他的工作很有保障',我用这个例子让他们知道:'只要有我在,不愁没饭吃。'"

伟大的公司对待下属都有自己的一套文化,宽容该宽容的,惩罚该惩罚的,从而展现公司或领导者优秀的领导才能。不过,善待犯错的下属的做法并不绝对,你要注意处理的方式。

1. 在批评时需要掌握尺度和分寸,给员工留面子

(1) 对员工的批评,绝不应发生在公共场合,你应该避免让同事们看见或听见,要私下进行,给他留最基本的"情面"。每个人都有自尊心,不可以让员工失去尊严。只有让员工拥有了自尊,获得尊严上的满足,才能让他打开心门,跟你坦诚交流,并感激你的启发和引导。在这个基础上,他才会积极主动地工作,使得上下级的关系和谐与稳定。与员工谈话可以利用工作之余,与他促膝谈心,语重心长地指出他工作中出问题的症结,或者在一种茶余饭后的闲谈氛围中,和他交心,向他明确指明一些问题出现的原因,这往往是对一个犯错的员工最大的宽容。

(2) 批评一定要对事不对人,多从事情的本身去找原因,真诚地和下属一起商议工作,解决具体的问题。切记,领导者千万别针对员工个人进行攻击或批判,否则就会增加彼此之间的感情挫伤,破坏团队氛围。如果你一味地横挑鼻子竖挑眼,言辞极力指责他这个人,势必会让他感到非常委屈和不满,你的批评也就很难达到良性的效果。另外,你在批评一名员工之前,要进行适当的调查,掌握事情的来龙去脉,不能不问青红皂白地就把他批评一通,而忽略了事情的曲直和不可避免的客观因素。

你还要针对员工的不同性格，采取不同的批评方式，比如有的人很有自知之明，你就点到为止，绝不可批评起来没完没了。当你问清了下属犯错误的原因后，即便是他个人的问题，也不要轻易地大发雷霆，给他过度制造压力，激化情绪，这对解决问题并没有帮助。

（3）对于主动承认错误和承担责任的员工，应以勉励和引导为主，在批评之后，你还要主动与其沟通一下，反省一下你自己应该承担的领导责任，让下属获得心理上的平衡。

2. 善待有过失的员工，但重要的是积极地解决问题，帮助他们应对问题

（1）对于员工的失礼之处要有限度地宽容，这是第一条原则。有时，老板正在开会，员工在下面不注意言行，导致会场氛围出现异样。如果你是老板，你准备怎么办？开除他？错了，你对此一定要"宰相肚里能撑船，将军额头能跑马"，不能动不动就对这种小事耿耿于怀，甚至运用手中的权力打击报复。聪明的领导者，这时往往会认真地分析出现这种问题的原因，并且尽可能地宽容他，减轻他的心理压力。

（2）当员工失信时，你怎么办？他答应你完成的工作，最后却没完成；承诺到期交出的表格，临近结束了却做不出来。面对这种情况，有些主管十分愤怒，会把这类人列入黑名单，不但不肯原谅，甚至再也不给他们机会。其实，谨慎对待并理性分析员工失信的原因，找出客观和主观原因，帮助其继续努力，对团队才是最有助益的。要知道，一个人做一件事情，尤其是一名普通员工，他的能量实在有限，答应了并不意味着就一定可以做到。如果他努力了却没有做到，可能是由于其他因素的干扰，这些都需要管理者用一双火眼金睛去发现并冷静对待。

（3）对有的员工因为不熟悉业务或能力欠佳带来的失误，管理者既不要大惊小怪，也不要视而不见，你应该尽快地寻找补救的办法，帮助他去分析原因，而不要完全否定他。你的宽容一定能在助他摆脱困境的同时，在他面前树立良好的领导形象。你的这种行为就是在告诉他，你是那种最值得追随的魅力无穷

的团队管理者。

3. 用好那些犯了错误的员工

我们身边到处都是失败者，失败者一般会有两种结局：一是成为更为辉煌的成功者；二是从此变得平庸或者沉沦下去。区别在于，前者往往得到了再次证明自己的机会，后者只因为一两次错误，就不再受信任了。有些管理者对有过一些错误的下属采取极端措施，比如永不起用，甚至打入地狱（开除），这就是一种很不理智的做法，本来他可能有改正的希望，有潜力做得更好，但你的冷漠和无情，硬生生地把他的希望一刀砍断了。所以，有时候，领导者的不宽容，会毁掉一个人才的一生。

（1）敢于起用那些犯过错误的员工，不揪住一个问题盖棺论定，允许他们犯错误，并且在犯错之后给改正的机会，不摧毁员工的信心和勇气，告诉他们"你可以"，这样来体现你任人唯贤的领导思路。这不仅是一种领导力，更是一种魄力。

（2）尊重和信任那些犯过错误的员工。你要比过去更主动和更热情地接近并关心他们，使他们感受到团队的温暖。这是对他们价值的肯定，会让他们对团队非常感恩，从而更加努力地贡献自己的能力。

（3）当员工在为公司的利益负责时，你发现了，千万不要一扫而过，装没看见，请及时肯定并保护他的责任心，让他体会到你的强力支持。我在这方面，始终贯彻一条原则：当一名员工肯为公司努力时，即便他有可能犯错，我也会尽力化解他对于风险的担忧。我会告诉他："嘿，没事，你放手去做吧，我在这里会清除你工作中遇到的障碍。"在得到我的承诺后，他当然是干劲十足，所以我的部门一直热情似火，是公司效率最高的部门之一。

理性地面对员工的过失，不夸大成绩，也不夸大错误，这是你在本节需要领悟到的。对于下属，我们绝对不可以持一种全盘否定的态度去管理，哪怕他再差。管理者也要对下属充满关爱，维护员工的自尊，这是现代的团队主管应该具有的素养和胸怀。

确立规则，抑恶扬善

领导者要确定一种健康的奖惩机制，这是企业文化的重要组成部分，同时也是一座大熔炉，承担对员工的行为进行塑造的重任。团队文化在本质上就像一只手，它看不见，并不是明文规定的规章制度，而是实际发生的奖惩机制，这两者有很大的不同。你在确立规则，准备用惩恶扬善理顺团队秩序时，对此必须要有一个清醒的认识。

● **规则的确立，你需要奖惩什么行为？**

（1）在由全体员工参加的一次公司大会上，老板说："我们是新成立的公司，许多地方还很不完善，希望每一位员工都把这份工作看成是自己的事业，有什么新想法就提出来，公司一定会重奖的。"于是，几名年轻员工的热情受到了极大鼓舞，纷纷向公司递上了自己的建议书。但是，他们的建议却石沉大海，甚至招来了直接上司的冷嘲热讽："你们如果把写建议书的精力用来多见几个客户的话，销售业绩也就不会这么差了。"

（2）某家公司对一批员工进行了表彰，但当中有相当一些人，在大多数员工看来是不应该得到奖励的，因为这些人的工作表现实在是太一般了，无论是业绩还是态度都是如此。于是，大家对此得出一致结论：巴结老板和上司，比卖力工作更重要。从这开始，该公司的风气就变得非常差了。

（3）小刘从一名普通员工很快升到了总经理秘书，她的地位和副总是一样的。总经理也总是人前人后地夸她："小刘是公司最勤奋的人，每天总是最后一个离开公司。"于是，公司加班的人逐渐多了起来。但如果仔细看看，没几个是真正加班干活的，大部分留下来的，都在上网玩游戏、聊天。公司的"人气"旺了不少，整体业绩却并没什么提高。

从以上三种情景，我们可以看到，团队有意地奖励什么行为，其实就是在鼓励员工多发生类似的行为。同样地，团队惩罚什么行为时，就是希望在员工中抑制甚至杜绝类似行为的发生。

团队应该奖励的行为是员工参与公司决策，应该惩罚的则是那些溜须拍马、以公肥私的害群之马。对于一个新成立的团队来说，它的奖惩原则应该更为分明，凡是有利于公司发展壮大的行为，都应该鼓励；凡是有害于公司利益的行为，都应该惩罚。

通过奖惩规则，管理者要确立一种团队信仰，哪些行为是正当的，哪些事情不可以做，杜绝错误行为的发生，并让团队的奖惩行为与公司的发展战略相融合，互为依撑。

● **运用规则进行奖惩的时间**

奖惩具有及时性，也就是说奖罚的时间很重要，对员工的行为需要及时准确地给予反馈，比如有一位员工，她的工作十分突出，但她的上司总是应付她："我一定在下周的例会上要求总经理提高你的薪水。"可是几个月过去了，这事一直没动静，她再能干，工资还是不增长。虽然她的上司的确真心希望她的工作收到应有的回报，但正是因为自己的拖延，又过了一个月，这名员工跳槽了。

及时性是有效激励的一个重要指标。你站在员工的位置上，你会怎么想？两种选择：

A. 老板看到你突出的工作表现，立刻发给你奖金；

B. 老板答应一定要奖励你，结果奖金审批半年之后才到你的手上。

这两种奖励行为，哪一种更为有效呢？当然是第一种了。在团队奖惩中，延时的强化效果会逐次递减，如果半年后才得到奖励，或者半年后才被扣掉罚金，你想要的效果恐怕早就消失得无影无踪了。

● **我们奖惩的对象都有哪些**

必须恰当而客观地选择奖惩的对象，因为你在奖励或者惩罚一名下属时，其实是在为其他的员工树立榜样。

我举一个自己公司的例子，在销售部门，有一个业务员，他的业绩第一个月占了整个部门销售指标的 90%，后来连续三个月都保持占全部门销售指标的 60% 以上。在他看来，自己的所得和那些业绩远不如他的人相比差不了多少，但他所付出的时间和精力却远超那些人。

当这种情况反映上来以后，我第一时间召见了这名员工，宣布对他进行奖励，提升薪水，并且晋升他为销售部门的主管。如果我没有把他当作榜样，而是放任下面的业绩考核人员无视他的存在的话，就意味着我的团队并不鼓励这种拼命为公司创造利润的行为。其结果就是，所有的人都会变得懒惰和混日子，这位优秀的员工也会马上寻找新的单位，从我这里离开。

如果你总是激励那些不应该得到激励的人，从某种意义上说，就是对应该激励的人的一种惩罚。所以奖励对象的选择对领导者而言就显得十分重要。我们应该明白，奖励那些应该得到奖励的人，是一种树立榜样的手段，它有助于塑造被激励的对象甚至其他员工的行为。当员工知道什么样的人能够被奖励、什么样的行为能够被强化时，他也就自然而然地会向那个方向去努力了。

● **奖惩的方式十分重要**

许多公司采取的奖惩方式大都与金钱有关，比如上下班的迟到早退，罚五元甚至一百元；当员工的工作表现突出时，就会发放奖金；当工作表现不佳时，

就会在工资中扣一部分罚金，用以惩罚。

只有这种方式吗？不是的。奖惩有着多种多样的形式与过程，其中，团队主管的言行举止既是员工获取信息的来源，也是奖惩的方式之一，而且极为重要。另外，对员工除了金钱奖惩之外，给予职位的晋升、允许带薪休假、给其培训深造的机会、开表彰大会或者把重要的项目交给他并委以重任等奖励措施都可以很好地奖励员工，批评、降职、解雇等惩罚措施也可以对员工起到很明显的惩戒作用。

对于不同的员工和面临的不同情况，团队主管在进行奖惩时，也应采取不同的方式。例如，你面前是一位刚毕业的大学生，他在工作中难免会犯很多错，你就要多宽容他，激励他并适当鼓励他、委以重任和提供培训发展的机会。但如果是一个工作近二十年的老员工呢？你就要严格要求，并在奖励时，更多地考虑这名员工的生活保障，所以福利、保险计划等金钱激励恐怕是更合适他的方式。

我们要记住，奖惩员工必须要运用综合与有针对性的措施，这样才会激励员工，促进团队发展。而单一的奖惩方式有时候作用的范围只是针对少数人，效果不大。

● **领导者要控制奖惩的强度**

奖惩当然要控制强度，因为针对不同的员工，奖惩的强度应当有所不同，而且不能厚此薄彼。

在我工作过的美国洛杉矶的一家公司，一名新员工由于忙中出错，在一份宣传广告资料上将公司的热线电话号码印错了。老板一怒之下立刻将这个人给炒掉，并将炒掉的理由公布给全公司的每一位同人。但是没过几天，老板的秘书在写给《华盛顿时报》的一篇文章中也犯了同样的错误，就在大家瞪着眼睛看老板如何处理时，这件事却不了了之了。

事情被公布后，许多员工对此感到不可理解，同时也对老板的这种做法感到失望。公司对于不同员工的对待差别如此之大,而且相当不合理,使不少人为之气愤。事实上,这是我离开该公司不再担任公司行政总管,而下决心从事管理培训工作的原因之一。如果一家公司的惩罚制度完全是对人不对事,对不同的人处理意见完全不同,其后果的严重性,恐怕是作出这种决策的老板做梦也想不到的。

一个新员工和一名老员工犯了同样的错误,得到的惩罚强度会有天壤之别。老板根据自己和这人的亲疏关系来决定惩罚的轻重,并不看事情的错误程度,这是典型的人治,没有做到对事不对人。这样的奖惩机制,将不仅仅引起员工的不满,员工还会因为这种不平等离开你另谋高就,长此以往,公司的效益将会大幅度地下滑,公司未来的成长前景,一定是非常悲观的,让人看不到希望。

责任与权威和恩典必须共存

既然是奖励，就需要找到那个确定的责任人，不管是通过奖励确立绝对的权威，还是通过宽容树立法外恩典，你的领导力的体现，都必须附之有物，通过具体而明确的事件展示给员工一个形象化的你。因为下属在执行中通常的理解是：这件事是否与自己有直接联系，没有直接联系就没有责任；事情发生的过程中是不是自己所能够控制的？不能控制就没有责任。这是人们的一般想法，聪明的领导者须利用此点，进行富有针对性的管理。

什么是责任人？或者说，责任意识到底是怎么回事？有一位心理学家曾经做过一项研究，他们让一个人在大街上模拟癫痫病发作，想看路人会如何反应。结果，当只有一个旁观者在场时，病人得到帮助的概率是85%；而有五个旁观者在场时，得到帮助的概率却只有31%。还有一个例子，某公司网站上的联系电话错了，老板在公司的会议上说了这件事，可是第二天他一看，电话还是错误的，而所有的技术人员都在强调自己确实很忙。

● **责任不可稀释**

无论什么事情，只要参与的人多，大家自然就会认为责任并不是我的，我不做别人也会做的；或者是，这件事是否需要我做，或是否与我有关呢？问题的根源就是：责任人到底是谁？

责任一旦被稀释，团队管理就成了无主之木、无源之水、无的之矢。在管理者对下属进行监督管理时，每项工作都应该有明确的分工，个人的工作岗位、工作内容、工作流程都要有严格的规定，每项工作都要对应到人。有这样一套完备的责任分工，以及完整的流程支持，即使某个环节的人员发生了变更，整个团队的工作运转起来仍然有效，因为每个环节都能找到相应的责任人。

责任的起点永远都应该是一对一的约束，所以让员工懂得责任的流程，对管理者而言就变得异常重要。员工在执行中碰到了一些具体的问题，我们不可能不让他们提出来，让其得到解答。但是，你作为一名团队的主管，又不可能事必躬亲，亲自了解和处理每一个细节。解决这个问题的最好方法，就是把重要的事情形成一个流程系统，比如准备事项要做什么，执行过程要做什么，首位汇总要做什么，每一个环节都要规定得清清楚楚、明明白白。

这不仅关乎责任人的定位，还关系到团队制度权威的建立。有了这一套流程，领导者就可以从细节中跳出来，有充足的时间在更重要的环节中展示其影响。同时，你还可以鼓励员工大胆和主动地做事。越是建立了相应的奖惩规则与责任人制度，就越应该给员工做事的自由。如果一个领导者总是含糊不清，员工能放开手脚做事吗？他的工作做不舒坦，在他眼中，你这个领导者的能力将会大受质疑。

结果就是：员工在做工作之前信誓旦旦，在工作过程中含含糊糊，做完工作之后必然是，做得好了大家争功，做不好时就相互推诿责任，一起跑得无影无踪。

有一家服装专卖店，有一个规定：在规定的时间内不满意可以退换。一个客户买了一件衣服几天后要求换货，但衣服已经洗了一次。店长很为难，因为这个客人是多年的老客户，于是就去问经理到底怎么办。遇到这种情况，如果你告诉她换货，店长就会有新的

问题:"以后类似的问题是不是按你的方法无条件换货?那么我们店的损耗可就增加了。"接下来,你就会每天疲于奔命,不停地处理每一个细小的具体事务。

面对这种情况,你作为经理会如何处理?最好的办法是,告诉店长解决问题的指导方向:公司的规定是为大多数客户考虑的,既要维护公司利益,又要体现客户价值。然后,让店长去自己思考并寻找具体的解决方案。

在明确了这个大原则后,店长就会自己去想办法了,他要了解是不是售货员在卖货时没有把公司的规定说清楚,还得去询问客户对于衣服的真实意见,并向客户耐心地解释公司的规定。在这个基础上,他再根据具体情况作出恰当的处理。作为他的上司,你既获得了轻松的自我空间,又一定将责任明确到他的身上,同时你还建立了自己的权威。

● **权威与恩典:共存方才有效**

管理者权威的建立,往往来源于在第一时间对下属的惩罚。你有惩罚或开恩的权力,这就是权威的一种内核。不过,科学的惩罚应该不能任由权力之手掌握,而是应该将它作为一种火炉:它只烫你碰到它的那一部分,而不会烫你的别处或者全身。

我们在作出惩罚时,不迁怒是一项基本原则,同时也不要大搞株连,一人犯错,九人遭殃。这对于领导力来说非常重要,会表明你是一个好领导还是一个坏领导。聪明和自信的好领导,在管理工作中,惩罚那些犯了错误的员工时,都会实事求是和就事论事,从不搞过度的惩罚,也不会连累别人。这样的好领导,他也会偶尔给自己的员工法外恩典,原谅他们并不重要的错误,在原谅的同时再指出员工的问题。虽然这种宽恕有时会违背公司的规章制度,但因为他施加得非常巧妙,所以一点都不影响自己的权威和形象。

如果我要对一名下属法外开恩,我一定会先跟他讨论具体的情况,确定没有误解事实之后，再责备部属的不足之处。在责备中，我强调所期望的正确行为，告诉他我对他的工作期待到底是什么样的，让他明白我对他的重视，同时让他明白问题在于他不当的行为，而不在他本人。

因为我们知道，责备的重点在于你要改变部属不良的行为，让他将工作做好，避免再次犯这样的错误，而不是去羞辱他本人，攻击部属的人格。这往往需要管理者发挥出极大的自制力，不论你有多生气，你都不应该乱发脾气。

比如当我能够控制住自己的情绪时，我就会考虑，这个员工的情况，是否需要我给一些法外恩典呢？假如它不影响事情的解决和团队的公正性，并对我的权威有益无害，我就会给他想要的宽容。但如果对我的权威不利，或者伤害到了其他人的利益，我将不会这样做。

当我们使权威与恩典共存时，作为管理者你一定要明白，想做到公正，你就必须约束自己的行为，使之成为一种标准和规范，发生问题后，你不是根据个人感情或者个人意识来行使手中的奖罚大权，而是应该严格根据规章制度进行。你需要民主公开，拒绝秘密奖惩制度。如果奖惩不公开，奖惩就失去了它在团队中的价值和意义。手中握有此利器的管理者，也将因此丢掉自己的权威和声望。

TEAM

CHAPTER NINE

建立淘汰机制

>>> 末位淘汰法则
>>> 平等对待就是抹杀杰出者的贡献
>>> 别让"坏人"破坏团队气氛
>>> 建立事件紧急处理体系

末位淘汰法则

不能创造效益的人都应当从你的团队中及时淘汰出去,最好的办法就是建立末位淘汰制。跑在队伍最后一名的必须出局,补充新生力量,这很好理解,但最关键的是如何选择"末位"。当你开始对一支团队进行考核时你会发现,在员工之间,他们的表现总是存在一定的差异,总会有一个人排在倒数第一的位置上,这是不可避免的问题。关键是,你用什么样的标准去考量。因为这种差异按不同的考核标准来排序,结果会大不一样。所以,末位的判断与你的排序标准密切相关,与你采用的排序工具的信度和效度也有一定的关系。

说白了,这是一个存优去劣的原则,在团队的竞争中,为了维持团队的工作效率和员工的整体素质,淘汰是一个不可回避的话题。我们必须强调,不管是内部淘汰还是外部淘汰,并不是说被淘汰的员工天生就不行,而是他不适合或者当前并不胜任,比如有的人非常守纪律,服从性也很好,但他可能只适合去做一名流水线工人,却不适合去做市场部的策划人员。因此,当一名员工不胜任或不适合时,就必须淘汰。另外,淘汰并不意味着就将这名员工踢出公司,而是可以视他的能力和工作特点,为他安排新的工作,协助他发挥最大的优势。

基于以上的阐述,对于团队的末位淘汰,我们界定如下:团队为了满足自身竞争的需要,通过科学的评价手段和考核分析过程,对员工的工作贡献进行合理的排序,并在一定的范围内,实行奖优罚劣,对于排名在后面的员工,管理者必须以一定的比例进行调整，比如调离、降职、降薪或者让其离职。这种末位淘汰制，是为了促进在职员工激发他们的工作潜力，为团队提升及获得更强的竞争力。

● **对管理者来说，最重要的注意事项**

我问一名公司主管："当你采取末位淘汰制度时，请问你到底要淘汰谁呢？"他先是一愣，接着马上回答我："赵老师，我们当然要淘汰那些不符合公司要求的人了。"但当我继续追问："你的公司对于员工的要求标准到底是什么呢？"他却回答不出来了。

这正是建立淘汰机制的要害，不少管理者有建立末位淘汰制的强烈需求，事实上也在这样做，却不能够对员工的工作制定相应的标准和进行严格的要求，那么这样的淘汰即使勉强地执行下去，也会出现问题，即该淘汰的没有淘汰掉，不该淘汰的却被清理出了团队。

朱经理是一家公司的人力资源部主管，他所在的公司自2007年以来一直实行末位淘汰制度，年终对员工进行360度综合考核，按照10%的比例对员工进行淘汰。听起来这很不错，但是在实际操作中却遇到了一些问题：干活越多的人，出错的概率越大；越坚持原则的人，得罪的人越多；结果这两类人年终的评分都很低，按照公司的规定，他们被淘汰了。但是公司里有很多人对他们被淘汰却感到惋惜，意见也很大，认为如果再这样淘汰下去，将没有人敢说真话了。所以，到了2008年，公司的末位淘汰制度就不了了之了，朱经理对此很困惑：为什么我的制度没起作用？为什么别的公司却可以见效？

从这个案例中，我们会发现很多问题，首先就是淘汰的标准如何制定和淘

汰的比例如何确认，是否有相应的企业文化的基础在做保证。也就是说，一支团队实施末位淘汰制度有很多前提，如果这些条件都不具备甚至环境很糟糕，管理者又是一个任人唯亲、判断力差的人，则有可能适得其反，出现劣币驱逐良币的现象，优秀员工蒙冤出局，混日子的继续吃香喝辣。

我的建议通常是，当你在确定末位淘汰的对象时，不能只是简单地评价他当前的工作业绩的好坏，还要通过对他基本能力的考察，进一步确认他在你的团队中未来的潜力，根据他的业绩表现和未来的发展潜能，逐步建立起你自己的人才矩阵。而且你还应该清楚地看到，员工之间存在的绩效差异，撇去自身是否努力的因素之外，还与他工作的环境系统有很大的关系，像工作难易程度、同事之间的人际关系、公司提供的材料设备以及他所接触的顾客，等等。这些要素相当庞杂，并且都是员工左右不了的。

对那些绩效非常好的员工，管理者可以提供晋升的职位，给他们更大的进步机会和施展舞台，促使他们不断进步。对那些绩效短期内不佳的员工，管理者则应该从根源处找原因，而不是放任不管，随便挥刀砍掉使不出力气的尾巴。如果是他个人不努力工作或消极怠工的话，你当然可以采取淘汰的方式。但如果是其他的原因，比如是他的素质和能力与现有的工作不匹配时，你就应该刀下留人，先考虑进行工作轮换，看看调整后的效果，再决定是否实行淘汰，而不是不问青红皂白，就手起刀落，一点机会都不给他。

● **末位淘汰制对于团队所处的行业特点有要求**

不同的公司及不同性质的部门，在执行此制度时，所需要具备的条件并不一样，需采取的策略也大相径庭，不能搞一刀切，比如有的公司，裁人很容易，招人却相当困难，而且很难保证新招进来的人更合适。加上相应的招聘成本，这种"换血"大多数时候都得不偿失，那么在推行淘汰制时，就应相当谨慎。

看下面这个例子：

CHAPTER NINE | 建立淘汰机制

某一家应用软件公司，现有员工 200 多人，是本行业有影响力的公司之一。公司最近从一家美国著名的电气公司挖来一个人力资源副总监王先生，担任本公司的人力资源总监。王先生来公司后，提出了一系列公司管理上的改革方案，其中一项力度较大的措施是：实施末位淘汰法，将年终评估中最差的 8% 的员工解雇。

对于这个办法，公司老板宁先生拿不定主意，不知道该不该采用。他觉得公司的员工普遍表现得很努力，很难从中评出最差的 8% 来。如果强制地划分 8%，宁先生也觉得他们不应该被淘汰。但是，王先生的人力资源管理方案中，末位淘汰法是一个核心的内容，并且此方法在这个总监原来所在的公司运用后效果非常好，证明是可行的办法。

其实问题就在这里，宁先生的公司是一家软件公司，行业特点比较独特，可胜任的人才需要长时期的培养，而不是拿来就能用。况且，在公司外这种可以培养的人才也很稀少，不太可能像王先生以前所在的制造业那样容易找到人而且又不需要太多的培训。所以综合来看，这个方法并不适合这家公司，制定一个 8% 的比例，其实只能起到削弱公司实力的作用，将大量可培养的优质人才赶出家门，把他们白白地送进了竞争对手的阵营。

团队在创建之初和处于成熟期这两个不同的阶段时，淘汰制的采用也是不同的。创建之初的团队需要人员发挥出自己的高效率，容不得有一分钱的无效成本，对员工没有培养的耐心，因此就应以高素质为用人的目标，一旦发现不行，就应立刻淘汰。但当一家公司进入成熟期之后，严格的员工竞争机制也已经建立了，分工更加明确，对员工的耐心也大大提高了，这时在建立淘汰机制时，就应给不胜任的员工充分的时间。

在管理上，从来没有一个最佳方案，只有适用或不适用的说法。我们在实行末位淘汰制时，还要明确以下四个问题：

1. 这是绩效考核体系中的一种必备制度

末位淘汰的目的,是通过这样一种强势的管理机制,让员工感受到一定的压力,从而激发工作积极性。通过这样强有力的竞争,使得整个单位处于一种不断积极上进、推陈出新的状态,会整体提升每个人的工作效率和团队利益。这是一项非常基础的制度,但在执行上,并不要求我们一丝不苟甚至不能变通地使用,而是应确立绩效考核体系本身的科学性与公平性。如果体系本身并不公正,那么结果就必然产生不了预期的好效果。

2. 末位的判断很重要,因为涉及标准和排序问题

你需要制定一个公正的标准,来作出最为合理的排序。你还要确定一个淘汰备选的范围,也就是竞争的圈子,究竟哪些人要接受这种机制的审核,而不是胡乱圈人,随心所欲。排序的标准和排序的范围,最终决定了末位的结果。

3. 比例问题重点关注,到底淘汰多少才比较合适?

对一支团队而言,淘汰的比例过高和过低都会出现问题。如果淘汰的比例过高,很容易导致后备力量跟不上,短期内招不到弥补空缺的人员,也会加重员工的心理负担,从而人人自危,致使同事关系紧张等,而如果淘汰的比例过低,那淘汰制度又达不到想要的效果,不能发挥其应有的作用。

4. 淘汰后的安排问题

有些人如果在哪一方面都不能胜任,这是最简单的方式,直接走人。但如果他只是没有找到适合自己能力发挥的岗位,而不是能力有问题,你就要考虑怎样安排他接下来的工作。团队有义务对成员量才而用,不能简单地将他踢出局。你要具体问题具体分析,对员工量体裁衣,不胜任 A 岗位,说不定他适合在 B 岗位上的工作。面对这种情况,你需要果断地伸出援手,帮他找到合适的位置,而不是让他卷铺盖走人并从此不闻不问。这会伤害团队的未来利益,给员工留下非常不好的印象。

CHAPTER NINE | 建立淘汰机制

平等对待就是抹杀杰出者的贡献

一家公司内部有没有绝对的公平？一项制度对每个人都是平等的吗？我认为不是，也不可能做到。权利和回报应该有明确的分水岭，不是说你只要坐在那张椅子上，和别人一样从早晨九点坐到下午五点，就能拿到约定的工资。

如果真的绝对公平了，对于团队管理来说反而是另一种不公平。我经常见到不少员工大呼上司不公平，全是抱怨和不满，我很想对他们说，人生本来就有很多的不公平，出生背景不同、家庭关系不同、受教育的程度不同，这都导致了在这个社会中不会有两个人付出同样的回报后得到的收获也是相同的。同时，最让人们感到心理不平衡的、最要命的是，从前跟我在一个锅里吃饭的人，今天吃的却不一样了，一起工作的他却升职了；同样做生意的他却发财了；同样没有背景和关系的他事事顺利而我却处处碰壁……公平吗？而且你无法通过可以量化的标准去分析这些事实。所以，就连西方商业文化的代表者比尔·盖茨都说："社会是不公平的，我们要试着接受它。"

每个人的一生都是不断产生欲望和满足的过程，世界上的事从来都是一分耕耘，一分收获，有所失才有所获。听起来很矛盾，不是吗？为什么有所失，才会有收获？难道不是我只要做了什么，就一定会有回报？不是的。只有当你为生活和工作的付出有价值时，才有可能得到期望的回报。

在现实的团队中,有的人利用自己占有的相应的资源,迅速地过上了令人艳羡的生活,那些一无所有和没有任何资源的人,他们应该怎么办呢?你需要让他明白,这种不公平是铁定存在的现实,他最应该做的事情是,通过努力,把自己的劣势变成动力,尽最大可能去发挥自己的长处,寻找机会,坚持做自己想干的事情,然后当机遇降临时,就非常有希望扭转这种不公。如果他只是抱怨,那他这一生都将活在抱怨中。同时,我们要在团队中确定一条红线:抱怨是杀死团队的病毒,绝不容许有人带着抱怨的情绪工作,包括你自己。

承认不公平的一个好处就是,它能激励我们去尽己所能,而不是一味地自我感伤,抱怨团队的回报不公。生活的使命并不是让每一件事情都变得完美,而是帮助和激励你完成对生活的挑战。

很显然,这是一种普遍现象,员工们在拼命地为他自己感到遗憾,因为他觉得上司是不公平的,公司待人有其偏好,老板总是喜欢某些特定的人——不是他,是别人。他一味地沉浸在探究环境的公平与不公平中,在工作中虚度时光,陷入困境。他并不了解,上司们都有自己不同的喜好,无法保证他们对其他任何人都能够公平地对待。

● 最坏的制度是"平均主义"

如果有些人认为平均就是公平,管理者又努力这样做的话,结果将变得一团糟。不管怎么做,回报都是相同的,要是每个人都缺乏积极性,就会导致公司的亏损,因为"平均主义"的所谓公平就是对工作积极的员工最大的不公平。

在一家公司,一个职员愤愤不平地说:"我跟某人是同时进公司的,学历一样,干一样的电脑工作,但我的工作能力比他出色,每天多在公司加一小时的班,为什么他的薪金和我一样?"另一名职员说:"我每个月努力做到超出他五倍的业绩,但工资和他一样多,凭什么?"

平均主义会犯众怒,因为每个人都不满意,而你要学会笼络和奖励最优秀的员工，通过能力与业绩的差距，体现出团队重视程度的高低。

美国的布鲁金斯学会多年来以培养世界上最杰出的推销员著称于世。该学会有一个传统，那就是每期学员毕业时，会给他们出一道最能体现推销员实战能力的实习题。

在尼克松当政时，曾经有一位学员成功地把一台微型录音机卖给了尼克松总统。为了奖励他，学会赠给了他一只刻有"最伟大的推销员"的金靴子。但是在接下来的26年时间里，却再也没有人能够获此殊荣。

最有意思的是，在克林顿当政时，学会居然给学员们出了这样一道难题：请把一条三角裤推销给现任总统。后来克林顿卸任，布什走马上任，学会的实习题也有所改变：请把一把斧子推销给布什总统。

由于在之前26年的时间里无数前辈都无功而返，许多学员都放弃了角逐金靴奖的机会。他们抱怨说，这个任务并不比推销三角裤简单，因为现任总统根本不需要斧头，即使需要也用不着亲自购买。

直到2001年，一位名叫乔治·赫伯特的推销员的出现，才再次打破了这一推销极限。然而，用乔治·赫伯特自己的话说，其实他也没花多少工夫。他说："我认为把一把斧子推销给布什总统是完全有可能的，因为总统在得克萨斯州有一个农场，里面有许多树。于是我就给他写了一封信，信中说：'总统先生，有一次我有幸参观了你的农场，发现里面长着许多大树，有些已经枯死了。我想您一定需要一把斧头。眼下我这里正好有一把非常适合砍伐枯树的斧头，如果您有兴趣的话，请按这封信上的地址给予回复。'后来，他就给我汇来了买斧头的钱。"

曾经有记者这样问过布鲁金斯学会的负责人：26年的时间里，学会培养了数以万计的推销员，也造就了数以百计的百万富翁。难道说他们的能力真的不如乔治·赫伯特吗？为什么不把金靴奖发给他们？换言之，布鲁金斯学会不公平。对此，该负责人回答道："这只金靴子之所以没有授予其他的学员，是因为我们一直想寻找这么一个人，这个人不会因有人说某一目标不能实现就放弃，更不会因某件事情难以办到而失去自信。"

乔治·赫伯特的成功有力地证明了我们的观点：有些事情当你认为很难做到时，并不是它真的做不到，而是你失去了积极的进取心。你做不到的事情，并不意味着别人也做不到。于是，站在团队的角度上，那些可以做到的人，就有资格得到更多，做不到的，则只能是让位，站在一边成为配角。

● **让员工为了"公正"而奋斗**

每个人都应该为自己制定一个目标，他必须知道自己要什么，能做什么，并用热切的渴望、积极的行动去实现它，而不是一味地去抱怨世界的不公。我在管理中有一项铁的原则，当发现有人在抱怨时，我不会因为团队确实亏待了他就不惩罚他，我会先让他明白这种情绪的危害性，然后考虑给他公正的回报。因为一个真正优秀的手下，他一定明白抱怨是无用的，否则他只能让团队失去更多。他要抛弃公平与不公平的概念，接受团队的等级制度和淘汰制度，从而不断强化自己的竞争力。

在团队之中，永远不会出现员工想象中的那种"公平"。现实就是这样，处处存在着不公平，而且，当你决心产生差别化待遇时，有时会刻意制造一些不公，让员工感到必须加倍努力，让他们每个人都踏踏实实地迈出每一步，做好自己的本职工作。

就像我对一名普通职员所说的："上司对你不公平，你的付出得不到回报等,都不是理由,一个人付出的努力也许一时间看不到效果,但如果你每天都能兢兢业业地做好自己的工作,相信不管是好上司还是坏上司,你的团队一定会看在眼里,并在合适的时机给你足够的回报。你要有耐心,坚持下去。但如果你迫不及待地希望马上就收获果实,那么对不起,你无法通过考验。"

别让"坏人"破坏团队气氛

在 CVS Caremark 公司担任行政总监时,我经常讲到管理学上一则非常著名的定律——酒与污水定律。团队有变成污水的可能性,也有变成美酒的无限前景。这条定律说:

将一匙酒倒进一桶污水,得到的是一桶污水;把一匙污水倒进一桶酒里,得到的还是一桶污水。显而易见,污水和酒的比例并不能决定这桶东西的性质,真正起决定作用的就是那一勺污水,只要有它,再多的酒都成了污水。

当公司的人事专员询问我一名员工的去留时,我告诉他:"我们完全可以同情他,帮助他保住这个饭碗,反正他向你作出了痛改前非的保证,不是吗?可是,假如我们在这种时刻大发慈悲,有朝一日,需要被人可怜和同情的,就不仅仅是他了,还有你和我,这个团队中的任何一个人,包括这家公司。"

他在工作中当了一名"坏人",给部门造成了极坏的影响,那么他就必须马上出局。同情和宽容对团队来说显然是必要的,但这并不意味着我们可以无原则地施恩。

在任何组织里都会存在几个让人头疼的人物,他们存在的目的似乎就是为了把事情搞糟。有些人在公司里到处搬弄是非、传播流言、破坏公司内部的和谐。最糟糕的是，他们就像果箱里的烂苹果，如果你不及时处理，它就会迅速传染，把果箱里其他苹果也弄烂。

有些人喜欢造谣，有些人则甘愿当背后捅人刀子的小人，林子大了什么鸟都有，何况一家公司或者一个部门？员工来自五湖四海，性格各异，目的不同，这决定了我们无法避免污水与烂苹果。它们的可怕之处，就在于惊人的破坏力，能够将最优秀的团队彻底摧毁，变成一个垃圾组织。

一个高效的部门，只要进来一名"坏分子"，很快就会成为一盘散沙。团队往往是非常脆弱的，因为它的高效运转，需要每名同事的相互理解、妥协和容忍，所以它很容易被侵害与毒化。就像人体的健康需要每个部位的密切配合，但如果患上了感冒，马上就会百病丛生，这个人就丧失了活力，每天不是打喷嚏就是流鼻涕，完全一副坏形象了。

破坏要比建设容易，这是团队不能容忍坏人的另一个重要原因。有这样一个很精辟的论述："一个能工巧匠花费时日精心制作的陶瓷器，一头驴子只需要一秒钟就能把它们毁坏掉，让它们从精美的器皿变成一堆什么都不是的破烂。在这种情况下，即使你拥有再多的能工巧匠，也不会有多少像样的工作成果。如果你的团队存在这样一头调皮捣蛋的驴子，你应该马上把它清除掉；如果你无力这样做，那么就应该把它拴起来，任何时候都不能把它放出来危害团队。"这个理论是在告诉管理者，如果你的团队中有这样一头驴子，你要么驱逐、要么让它老老实实地拉磨。

现代团队管理的一项很紧迫和根本的任务，就是持之以恒地剔除烂苹果。也就是说，要把你的团队放置在一架天平上，不断地对人才进行鉴别和筛选，并进行良好的指引和带动，让天平时刻保持平衡，使合格者的力量健康、团结地指向同一目标，这就是人才的管理运作，你只有懂得了这些，才能胜任团队的管理工作。

十种团队"坏人":

- **乱嚼舌根的人**

许多人能干,但就是嘴上没把门的,常把别人的缺点当作自己的谈资,把公司的缺点和失误当作宣传与标榜自己的工具,背后乱嚼舌头根,咬来咬去,传播八卦消息。他们将讲别人坏话当成了自己的乐趣,制造与夸大同事的绯闻、公司的问题,来破坏团队的氛围。这样的人,能力再强,业绩再好,也不能留,必须清除。

- **公私不分的人**

很多资格老的团队成员,他们觉得自己的贡献较大,就会公私不分明,有时将团队的资源拿来私用,比如一些办公用具,一张纸、一支笔,大到电脑和公司的汽车随便私用。当然,最常见的,一般都是用公司的电话解决私人问题,或者在工作的时间用团队的资源来给自己干私活,等等。如果你总是默许这样的行为,长此以往,公司或部门就成了让你的员工谋取私利的平台。

- **夸夸其谈的人**

喜欢高谈阔论,但就是不干实事。这样的员工每个团队都有,他们目中无人,自认为对公司内外一切事务明察秋毫,喜欢对任何事情都洋洋洒洒地谈论一番,标榜自己无所不能。在他们的眼里,同事都是无能之辈,对公司毫无用处,只有自己最能干,但当你让他们真的做些事情时,他们却又不能胜任。

建立淘汰机制

● 一心二用的人

还有一些员工，他们觉得自己的能力强，于是除了为公司做固定工作外，还有一项或几项兼职。有些员工会以股民、炒房者、直销员、保险代理人的身份出现在团队中，他们每天忙得焦头烂额，结果就是放在本职工作上的时间极其有限，以至于无法集中注意力，时间长了，就会不堪重负，让公司遭受损失。这类人的典型表现是，在你安排工作时，他们总是走神、应付，或者工作干得马马虎虎，而且总是找各种借口拖延进度。

● 三心二意的人

时刻准备跳槽是这类员工的典型表现，他们身在曹营心在汉，暗暗寻找下家，以谋取更高收入的工作。他们虽然人在公司却不能安心工作，这山望着那山高，随时准备离你而去。这样的员工最让人不放心，因为他们毫无忠诚度可言。

● 爱找借口的人

当工作中出现一些麻烦和问题时，他们总是本能地把责任的矛头指向外面，似乎在自己的身上永远看不到错误，即使犯了错误也有一万个合理的理由。总而言之，出了问题不是他们的错，全是别人的责任，他们有无穷无尽的借口，从来不会主动承担责任。

● 爱挑事的人

有一些员工，他们走的是另一种路线：不管团队内部有什么麻烦，他们都会出面挑起事端，夸大问题，制造纠纷，并让上司觉得他们才是那个解决问题

的救世主，比如他们会在你的面前刻意攻击自己的同事，告诉你那个人根本不行，然后再向你提出他们所认为正确的工作方法，以取得你的好感。你会怎么做呢？我建议一旦有机会，你就将之清理出公司。

● 心胸狭窄的人

他们不喜欢团队作战，不能接受不同的意见，一有机会就唯我独尊，并且"顺我者昌，逆我者亡"，将与自己意见相左的同事视为仇敌，只要发生纠纷就伺机报复。他们没有一颗宽容之心，必然是团队中的害群之马。

● 不懂感恩的人

有些员工，在公司欣欣向荣时能够与老板及众同事一起享福，一旦公司暂时陷入低谷，便暴露出自己的真面目，处处跟老板计较，时时与老板讨价，活生生一副小人之相。也就是说，这样的员工只能同富贵，不能共患难，对团队的长期发展而言，留着他们没有任何价值。

● 心存抱怨的人

他们是抱怨的大烟囱，工作的火力不足，却整天都在冒烟，觉得老板对自己不公，同事对自己不平，时刻都存有抱怨的情绪。好像全世界就数他们最优秀、最无可挑剔，别人都有这样或那样的毛病。

有以上十种行为的员工，即使他的业绩多么显著，你都没有必要看重他，因为他就是一颗"坏苹果"，他的不良行为，会像病毒一样传播，最终会带坏同事或破坏一个好团队。就像华盛顿大学的研究人员在《组织行为研究》中指出的那样：消极行为的影响力比积极行为大，所以一个坏苹果会毁掉整桶苹果，而一两个好员工却无法起到"反破坏"的作用。一个员工的不良行为经常会快速传播而且颇具渗透力和杀伤力，所以团队应该立即采取措施杜绝此类现象。

在一颗老鼠屎坏了一锅粥之前,你作为团队的主管,必须及时地处理表现不佳的员工。如果这种人没有受到任何惩罚,将会促使表现好的员工离开你的团队,另寻高就。因为他们不想待在一个不在乎员工表现的团队中。好的走了,坏的却会一直留下来,因为他们知道,自己躲在公司不做事也很安全,如此一来,你的团队会逐渐地向下沉沦,直到万劫不复。

建立事件紧急处理体系

如何处理一支团队随时可能会发生的突发事件,对管理者的考验将是巨大的。许多优秀的公司并不是死在它强大的竞争对手的冲击下,而是亡于它本身对于突发事件的应对能力太差。对此,我们要有丰富的成例和个例的经验,针对具体的管理环境,促使团队内部建立一种固定的并被广泛认可的制度。

没有哪家企业或部门可以避免"灾难"的降临,即大量的意外事件的出现,团队经常很轻易地就陷入被动。阅读本节,我们的企业家或团队管理者就可以提前为意外的危机作好准备。

当你身为团队的管理者时,你可能会遇到或者将会遇到以下的情况:有些重要的员工遭遇到了严重的事故或变故,比如死亡、离职及其他让你意想不到或缺乏预案的事情;公司电脑突然在紧急时刻出现了重大问题,公司的仓库被损害,遭到暴风雪天气,延误了上班或者货物的运输。

种种意外事故可能即刻就中断公司的运营,更糟糕的是,你的部门或公司在数周内都不可能恢复正常的营业,造成了客户的流失。后果甚至比你想象的还要严重一百倍,比如让你从公司走人或者公司破产。你作为公司法人或部门主管或某个小组的组长,为应对这种意外事故准备好了吗?

我们可以提出一万个建议,但再多的建议,也没有以下几个主要的流程重要。

1. 你需要确定问题出在哪里

第一件事就是你必须检查团队的脆弱性或者进行一次最彻底的风险评估，你要确定哪里可能会出错，而且这种错误可能对团队造成的影响，以及你首先应该做什么，才能将损害降到最低。在意外事件前应该首先评估所面临的威胁和风险，这些风险就是可能损害人们及组织运作过程、设备或者团队名誉的一切东西，不管它有多么微小，都要找到它，并认真地分析它。

一旦你确定了这些，接下来你需要评估团队针对这些威胁的抵抗能力。就像一颗子弹，它如果射过来，你确信身上的防弹衣能够抵挡住它吗？如果临时停电，你的资料后备系统的可靠程度如何？如果发生地震，员工接受过相应的应对培训吗？你的办公地点的安全系统怎么样？有足够的能力避免客户或者员工的财产损失吗？

在这一步，最后需要做的是对意外的威胁程度进行排序。按照发生的频率，我们需要将这些威胁排列归类，列出其所造成的损失大小，比如电脑的突然损坏会产生多大的成本损失，突然停电一小时会造成的损害有多大，公司遭受风险的程度越高，这件事就越值得提防或重点排除它的发生，避免威胁。

2. 及时制订对此进行应对的方案

你需要一份紧急应对方案，以书面行动指南的形式，应对你在第一步已经确定的威胁。这份方案再怎么谨慎也不为过，当然方案应该符合法律、法规或者商业规则，不能不择手段，也不可任意侵犯员工或客户的合法权益。在这份紧急应对方案中，应该包含下面的因素（甚至比这还要细化）：

（1）清楚地指明在危机发生时实施哪些政策，由哪些人或者部门负责决策、监控应对行动和恢复正常运转。

（2）规定哪些人来负责评估风险对生命和财产的威胁程度，各种紧急情况出现时应向哪些人士通报。

（3）具体地说明如何处理细节问题，比如关闭设备或停止工作的流程及要求。

（4）设备的撤离程序或财产的紧急保护措施，并细化到每一个步骤。

（5）在各类流程中，强化对员工的具体指导，比如关闭设备的操作程序，以免意外的再度发生。

（6）营救、医务责任及必要的冒险准备，以及需要采取应对措施的员工培训。

（7）火灾的报告和其他紧急情况的首选方法。

（8）申明所有的程序都应该有书面的文件。

（9）客户的紧急联系方式，如固定电话、私人移动电话和电子邮件，能在意外发生时第一时间联系客户，取得他们的信任和理解。

3. 作好应对准备

当方案制订好后，就通知员工，让他们明白应该做的事情。练习方案非常重要，如果员工此前并不清楚，你需要提供演练的机会。在这个过程中，管理者需要集思广益，征求员工的建议。在演练中，发现问题应对方案及时作出修改。因为没有一个方案是完美的，只有经过检验的方案才是最好的方案。

此外，准备工作中非常重要的一点是，向团队外的专业人士求取帮助，获得他们的经验支援。专业人士可以向你提供最有价值的观点，这样就能更加完善你的方案。然后是必不可少的培训，你的手下应就此接受培训，以便减轻紧急事件对公司的消极影响，而且可以提高你对员工的满意度和维护公司的声誉，增强客户的信心。

相关培训应包括但不限于以下几方面：

- 紧急设备的关闭
- 紧急通知程序的流程
- 设立撤离的程序和注意方法并严格遵守
- 灭火器的使用方法
- 紧急的肺部呼吸方法

这种科学培训可以挽救成员的生命，是我们在紧急事件应对措施中非常重要和相对廉价的组成部分。更为重要的是，适当的培训可以提高员工的集体应对能力，避免小事件转化成无法挽回和补救的大灾难，从而确保团队只是遭受一次小危机，而不会就此垮掉。

4. 在合适的时机恢复团队的工作或公司的运营

一旦你执行了前面的几步，临危不乱地再花些时间调整最糟糕的场景，制订恢复计划，接下来，你需要思考一些问题，然后作出回答。

- 一旦不能在原地点工作了，那么新的工作地点在哪儿？
- 从哪里弄来替代的设备和办公电脑？
- 谁来帮助清理现场？
- 重要的资料怎样恢复？用什么保护最原始的文件？
- 与员工和客户，失去联系后怎样联络？
- 还有没有更好的方法，帮助团队走出困境？

还有很多必须要解决的问题，我相信看到这里，你已经了然并且有了主意，你可能非常骄傲自己可以在几个小时或者几天内就恢复团队的运转。

但是，如果你的竞争对手在一个星期就恢复了，你却在同样的危机下还处于挣扎与迷茫阶段，抗击打能力远远逊于你的对手，那么在这种情况下，你的客户会流失吗？公司声誉会遭受损害吗？你的团队在竞争中会跌至下风吗？这是一些重要的问题，你需要时刻为此作好准备，合理有序地应对这些随时会突如其来的麻烦。

请记住，没有什么可以保证一旦你的团队进入了工作轨道，正常的秩序就一直会运转良好，这取决于你的计划、相应的规章制度、平时的演练和相关意识的灌输，以及当你遇到意外事件的侵扰时，你的公司或核心团队是否具有很强的恢复能力。

TEAM

CHAPTER TEN
变革与创新力

>>> 变革与守旧的关系
>>> 规避变革陷阱
>>> 实现关键性成长

变革与守旧的关系

一定会有无数的管理大师对你说过:变革的最终目的是提高团队的竞争力。这句话听起来没错,但却忽视了一个前提,变革的基础和条件特别重要,这是窗口。只有窗口打开了,我们再谈目标才比较现实。这就是许多公司制订了雄心勃勃的革新计划,还没开始就中途夭折的原因,因为在迈出步伐之前,他们的决策者没有考虑变革的对立面:那道固定旧障的墙壁。

当然,变革应该是始终伴随团队的发展历程。只要这个团队没有灭亡、裁撤、消失或者被吞并,变革就应该一直存在;但也只有那些抓住机遇,不断适应变化、灵活应对的团队带头人,才有可能在竞争的大潮中成为最后的胜利者,成功地将自己的团队升级换代。

有一次,某位国内企业家跟我讲:"赵老师,这是一个变革的时代,除了变革,我们别无选择!所以我的公司一定要变,不变就得死。"

我跟他说:"您说的万分对,但是有一条您忘了,如果你不先考虑变革与守旧的关系,不先去除阻力的话,你变不变,都得死。"

他一听,先是点头,接着很奇怪,说:"我知道啊,公司内部许多人不同意,因为旧的业务可以让他们赚钱,让他们有工作干,如果要变,有些人就要失业,利益受损失。可是我作为一家之主,说一不二,只要我决定了,谁敢反对?"

看他如此坚决和自信,我就没再说什么了,但是半年后,他主动联系我,情况完全证明了我的判断。这位老板在调整企业结构的过程中，遇到了相当大的阻力，最后到了他会失去一切的地步。他完全可以抱着"不破不立"的悲壮情怀果断地走下去，不过他选择了妥协，走理性路线，并且向我取经。

认清阻力，也就是去认识变革中的守旧力量，是一支团队寻找改变的基本前提。我们需要达成的共识是：一家公司或一个部门必然需要改变，形势不可逆转，因为当今的市场环境变化日趋频繁，企业很少能够凭借一个固定不变的战略定位和保守的组织形式，在长时间内保持自身的竞争优势。成功的转型，其实已经成为一支团队事业常青的根本保证。

国内的公司在起步阶段，主要追求的是发展自己的规模和在市场中的占有额，但是在快速扩张的奇迹阶段过后，很多公司或机构的管理者会突然发现一个让人感到沮丧的事实，他们并未能获得令人满意的利润水平，以及为他们的股东创造更多的和更加持久的价值，而且这个团队的核心竞争力也并不明显。

也就是说，虽然不少奇迹型的公司在短时间内能够迅速地扩张，攻城略地，但是从它们的综合能力、战略制定、创新力、执行力以及流程再造等方面来看，国内这些公司与国外成功的优秀公司相比，仍然有很大的差距。

到了这个时候，一家公司就不得不跳出具体的业务和市场份额这种狭窄的发展模式，去考虑团队新的愿景设定和战略调整，也就是说它想作出战略层面的根本性调整，即进行变革。我们现在看到，很多的国内公司，包括一些被各界追捧的明星企业，像联想、TCL、海尔等，也都面临着这种转型的挑战。即便它们创造过辉煌的成就，曾经是那么优秀的一些团队，在新的变化面前，也要选择变革，而且必须改变，否则前景将会是很黯淡的。

有动力就有阻力，变革中的阻力是什么？因为团队的变革并不是绝对双赢的，它只能是一种非帕累托最优的状态，不可能做到使所有人在同样的时间内获得相同的收益，一定有人得到，也有人失去。团队只考虑整体的利益，不会去照顾某一个具体的人。其实任何的变革，比如社会生活组织、人际关系、决策体系的行动，都不会不走弯路和不需要付出巨大的努力。作为管理者，如果

你弄不清楚这种阻力的来源、性质和力度，就急于采取改变团队的行动，这就是一种盲目和冲动的行为。

一般来说，变革守旧派的组成主要有：

● **团队成员的误解**

处在一支团队的环境中，一个人会建立他的态度体系，一旦确立了之后，他就必然会对外部输入的信息在他既定的态度体系框架内作出反应。他适应了旧的东西，养成了一些习惯和思维定式，从而对于团队变革的目的、机制和前景的看法，有时就会有很大差别。结果可能就是，有人会支持你的变革决策，但也会有更多的人基于他理解不了或理解混乱而抱团进行抵制，干扰团队的变革。

他们不一定是为了利益，也许纯粹为了守卫自己的既定习惯和一种生存在固有环境内的安全感。如果再加上在实行改革之前的信息沟通不足，更容易引起一些有关人员的不满和误解，必然形成一定的阻力。所以，将误解之源事先消除将有助于对团队进行比较顺利的改革与发展。

● **利益冲突方面的阻力**

从本质上说，变革就意味着权力、利益和资源的调整或再分配，你拥有的可能会失去，你没有的可能会突然到手。因此，必然会触动每个人的切身利益，进而引发他们的不满和阻挠。这是守旧势力最大的来源，而且人们之所以反对变革，也主要是基于利益方面的考虑，因此这种阻力最顽强、最具有破坏力。变革的守旧派，为了捍卫既得利益，甚至不惜毁掉这个团队，也要抵抗到底。对此，你应当始终保持高度的警惕。因为一般来说，当这种改变所带来的预期收益低于预期成本也就是会得不偿失时，人们就会反对变革，持对立态度。就算团队成员之间没有利益冲突，假如变革的结果是让大家的整体利益一块受损或哪怕暂时受损，他们也会群起而抗，抵制你的变革计划。

● 成本的障碍

团队的变革总要付出一定的成本，如果成本投资大于收效时，也就是说付出的多，收获的少，这种改革与发展就难以继续进行，即是前面讲到的，集体利益受损，比如一家公司，需要升级转型，在变革前，每个员工的平均工资能拿到3000元，但改革以后，却只能拿到2500元。尽管只是暂时受到影响，但你需要付出的高额成本，有时也是团队难以受承的。

变革的成本投资主要指：所需用的改革时间——多长时间能完成这种转型；改革中所造成的各种损失——需要付出什么代价；所需用的财政经费——投入的资金有多少。

对此，美国的利特尔咨询公司提出了一个公式：$c=abd>x$。式中 c 指变革，a 指对现状的不满程度，b 指变革后可能到达情况的概率，d 指现实的起步措施，x 则指变革所花的成本。这个公式向我们表明，是否进行团队的变革，还取决于需要变革的各种因素的乘积是否大于变革所花的成本，否则，此时进行变革就得不偿失。

可惜的是，现在的管理者，通常只考虑到变革的急迫需求，却忽视了自己和团队要为此付出的巨大代价。

● 组织的惰性

当我们处于组织中时，不管是国企、私企还是各种团队，在本质上，都会趋于僵硬、保守、墨守成规、动作缓慢、效率降低。变革正是要改变这些，于是当你对于人们的既定模式和习惯进行否定时，整个组织都将起来反抗你，包括你自己。

● 不确定性的心理阻力

心理学研究向我们表明，凡是不确定性的因素，都会使人感到紧张和忧虑。

当你变革时,它的价值恰恰在于"新",前景是不确定的。通过变革,我们可以给团队带来某一方面的新观念、新技术、新环境和新制度,更重要的是新的利益分配。对此人们根本不了解、不熟悉,必然产生程度不同的隐晦的不安全感,从而对变革持一定的观望和保留态度。

这种大面积的不安全感,往往与守旧或者总是在寻求稳妥的潜意识相联系,它具体表现为由于担心变革可能带来的消极影响和前途未卜,比如秩序失控、利益矛盾、工作冲突、变革后遗症等,而使人们对于改革不会轻易地认可。

● 习惯性的阻力

另外值得一提的是,团队的成员如果固定地和长期地处在一个特定的组织及文化环境中,他们从事某种特定的工作,很少进行哪怕是细微的改变,时间长了,就会在自觉或不自觉之间形成对这种环境和工作的强烈认同感。尤其是,他们会形成适应于这种环境和工作的一套比较固定的习惯,既是行为模式上的,又是心理上的习惯性。这种习惯性建立在时间延续和动作反复的基础之上,慢慢地就逐步沉淀在他们的意识深层,成为一种本能行为,可以在一个很长的时期内对他们的心理活动和行为产生影响甚至支配。除非环境能够显著且长期地发生变化,否则他们就总以习惯性为驱导,对外部的刺激作出固定的反应,并对此非常适应和依恋。

变革本身不管目标和指向如何,都一定会打破这种旧的习惯,驱使人们去建立新的习惯。所以,有时人们在理智上明明知道变革将会带来比现在更多的利益,但在情感上,他们宁愿维持现在的环境,也不想就此让自己的环境变得更好。当你强制性地让他们执行你的变革意图时,就会给他们带来强烈的感情震荡,使他们失去公正地判断变革的客观尺度,或者招致他们下意识的不良反应,进行抵制。此时,他们将不再考虑是非正义,他们的反应再怎么激愤,有时也不是客观的,而是充满了冲动和非理性,只考虑和在乎他们的个人利益。

CHAPTER TEN | 变革与创新力

规避变革陷阱

当你产生了强烈的愿望，并做好了一份雄心勃勃的计划，在决定变革之前及执行的过程中，我们仍然需要深层次地继续判断变革的可行性，并且理性地规避种种埋藏其中的陷阱。我们知道，凡是不能适应环境和市场变化的公司或部门，都将很快遭受淘汰的命运。但是，通过更深入和细致的观察我们发现，假如无法明确判断团队的性质，盲目变革或方向错误，即便你迈出了正确的第一步，仍然有可能中途夭折，教训惨痛，很难通过各种变革中的严酷考验。

我们以 D 公司为例，它是某市的一家民营企业，主营制水机产品的生产和销售。具体说起它的产品，相当于把大型的制水系统小型化和终端化，它的产品就是跟自来水管接起来，进去的是自来水，出来的就是纯净水，可以直接入口饮用。D 公司刚推出这种产品时，在中国还是刚刚兴起的行业，利润率高，时尚、健康、前卫和高贵，跟桶装水相比，因为没有二次污染，现制现喝，所以比较安全。它的销售路径主要有两种：一是通过零售渠道直接卖给终端用户；二是针对大客户所进行的团体销售。

这是它的基本生产和销售情况，起初，该公司主要组织自身的力量进行销售。它的管理和销售人员，大多是在20世纪90年代家电短缺时代从事传统空调销售的人员，年龄大、学历低，很难胜任对于这种产品的营销。事实也证明，经过了一段时间的市场推广，经营情况死气沉沉，销售情况比较糟糕，连成本

也赚不回来。

　　这让 D 公司的老板无法接受，他只能改革，寻求突破，不惜一切代价来改变当前不利的局面。经过了一番论证和思考，他决定从外部引进优秀人才，也就是找一些"空降兵"来公司化解危机，他把希望寄托在外部力量的介入和推动上，以产生催化作用，促进公司的根本变革。于是，作为一支团队进入的"空降兵"，很快就把持了营销总经理、销售总监、市场总监、售后服务部总监以及驻外机构经理等各类重要的职位。

　　"空降兵"的到来，在职位和待遇上，都打破了原来固有的平衡。这是改革的必然性，借助外来的力量，就必须赋予其额外的"福利"以增强这种力量的威权。所以，旧有的势力与"空降兵"之间的摩擦不断，很多时候是互不服气，但根本上，却是利益的争斗。旧势力认为空降人员不过如此，而空降人员则认为旧势力根本不懂营销，相互间的矛盾不可调和。总经理能够采取的办法只有一个：打压旧势力，给新人更多的话语权和可执行空间，用来推动改革的进行。

　　在总经理的支持下，新的团队管理者在经过了短暂的熟悉情况和相互磨合的初级阶段之后，他们的想法就开始在公司内部得以实施，经过调整，新的销售网络面向全国全面地铺开了，向各级市场展开了强大的攻势。

　　首先，他们在全国派出了办事机构，设立了几个大区，在大区的下面又设立了省级办事机构。这是结构改革，同时在销售的变革上，这些人提出了"服务营销"的概念，采取发展代理商的方式，设立服务营销总店、中心和三级服务站的三级代理营销模式。

　　当机构的变革完成之后，接下来又选择了综合实力较为发达、开放程度较高的某地级市作为样板市场进行了强势启动。在这个市场中，D 公司建立了专卖形象店，进驻商场，与茶吧、咖啡店合作展示产品，投入大量的报纸软文、车体广告普及与产品相关的知识，进行造势宣传，同时提出自来水、桶装水、直饮水"现代饮水，三分天下"的概念。经过一个多月的开发之后，他们在该城市召开了有数百人参加的"健康饮水示范研讨会"，邀请相关的专业人士和政府负责人共商大计。从而使得该品牌在全国一炮走红，树立了一种行业领跑者的形象。

当年上半年，D公司获益匪浅，从代理商那里回款两千多万元，表面上获得了一派盛世景象，好像公司马上就变得强大了，可以迅速地向更高的层次进行扩张了。可是，辉煌只是暂时的，因为到了下半年，公司内部潜伏的危机就开始显露出来了。首先，公司的实力还不足以支持其在全国范围内组建销售网络，销售费用较高。其次，回款大多为代理商的首批款，众多的产品积压在代理商的仓库中，真正实现销售的产品只有数百万元。由于消费者对产品并不真正了解，加之制水机的价格过高，市场其实根本没有启动。即使是当初投入资金较多的样板市场，消费者对产品的认知度也非常低。所以，"二次销售"逐渐成为摆在D公司面前的一个严重问题，而此时公司已经没有更多的资金来重新启动市场了。最后，这些外来精英并非个个都能征善战，必然有一些人的能力不足，品行不端，借用手中的权力，大搞暗箱操作，从而影响了团队的整体形象。

依次暴露出来的问题，让公司的那些旧势力抓住了发动反击的把柄。在他们的攻击下，总经理终于撑不住了。最终，这些新来的管理者都主动或被迫选择了离开，旧势力重掌大权。D公司之前的改革叫停，撤销了大区建制，实施跨省级办事机构承包制，总部不再有营销费用的投入，更多的是依靠各地办事机构的自我生存和发展。于是，变来革去，等于又回到了起点，还浪费了大量的成本，依旧是艰难地挣扎着，随时都有破产倒闭的危险。

这个案例非常具有典型意义，全景式地向我们展现了在团队的变革和提升阶段，三方力量（即老板、旧势力、新势力）所奉行的理念和据此推进的行动以及所伴随的冲突。总经理（老板）希望依靠外部力量把这个公司做大，革除一些明显不合时宜的人和事；而旧势力虽然没有明显地反对企业扩张，但因为改革伤及他们的既有利益，必然有着本能的抵触和排斥心理，在这样的理念支配下，视改革的执行者为其利益的最大威胁者，进而形成"欲保其身，必先除新"

的习惯性动作；而"空降兵"（新势力和执行者）的想法相对前两者而言，则要简单很多，他们希望通过创造业绩，实现自己的即期收益，并获得长远的职业发展。

在变革的前期，新势力赢得了绝对的优势，但这是来源于总经理与"空降兵"的利益取得暂时的一体化。总经理希望借助这些"空降兵"，达到自己的变革目标，提升经营业绩；而"空降兵"的到来，以及在前一阶段所展开的一系列行动，比如组织架构调整、市场网络建设、样板市场打造和销售回款达标等，确实为D公司赢得了短暂的"辉煌"，业绩也很出色。在这样的背景下，作为老板的总经理当然更对"空降兵"器重有加，给了新势力更多的支持，继续打压旧势力，压缩他们的话语权和可执行空间。

可是到了变革的后期，新势力就无法再与总经理保持利益上的一致了。相反地，倒是碌碌无为、一贯保守的旧势力与总经理达成了一致。这是一系列问题导致的，一是变革的过程不顺利，与团队的利益不符；二是新势力中的一些人的能力不行，作风不正，影响到了总经理的判断，更影响到了团队利益。这些问题，让D公司反而面临着更为严峻的生存威胁，残酷的现实摆在那里，逼迫着总经理只能又回到了原先的管理状态。于是我们就看到，新势力只得服软，从利益格局中黯然退出。

当团队的变革成为新旧势力的利益角逐，而不是团队利益至上时，变革的陷阱就出现了。这种进退两难的困境，即便一名强势的老板也往往难以改变。尤其是私人公司，团队的战略通常是老板的个人意志，职业经理人也就是团队的管理者，是围绕这一点服务的。在具体执行的过程中，他们往往无法摆平切实的利益冲突，尤其是当老板作出错误的决策时。这就使得变革本身成为新旧利益的冲突：变革成功，是新势力的成功；变革失败，是旧势力的成功，根本就看不到团队利益的身影。

所以，从这一角度出发，D公司在这次转型的过程中，在很多决策上都出现了过错，值得我们认真思考。

首先,从老板的角度来看:

(1) **战略上游移不定。**在确定了改革的主基调之后,老板没有坚定不移地执行下去,而是半途而废,遇难则止。遇到资金等困难时,应该设法去进行弥补,积极进取,将改革进行到底,但老板采取了消极的退缩举措。他的改革是找死的一种冒险,但如果坚持下去,始终给变革执行人足够的信任和支撑,至少还有胜的可能;可不改革,就是在等死,而且必死无疑,更别说走到一半就掉头往回走了,进退两难只能让公司以最快的速度垮掉。

老板的意志不坚定,注定了变革掉进陷阱,使得这场团队变革无疾而终。

(2) **基础的准备工作没有做好。**公司的扩张不是儿戏,在前期就伴随着运营成本和费用的直线上升,如果老板对这一点没有充分的认识和准备,其结果是无力继续支撑扩张,比如销量的扩大,带来的是产能的迅速增加;市场的扩大,带来的是管理费用的增加。D公司的老板显然没有做好这些方面的准备,他意图做到的,只是从一开始就实现体内正常循环,甚至希望很快实现大面积盈利的局面,低估了将要遇到的困难。

(3) **技术的失误:** 老板对于产品的认识很不充分,比如该公司的小型直饮机这样的产品,属于典型的教育型和引导期产品,本身就需要大量的市场投入。如果没有这些基本的引导工作,即便在个别市场(如D公司的样板市场)强行取得了成功,也是无法普及和维系的,因为这没有任何普遍意义,只是一个区域市场的非成熟性的个案,技术上的失误会让前期有效的准备工作也功亏一篑。

(4) **软性文化的失败:** 相应的管理体系的变革和建立,老板没有跟上推进。D公司的总经理过于相信单纯的营销力量,而对于管理、流程等与之匹配的资源,没有进行有机的组合,造成派系之间的斗争公开化、正常化与合理化;同时,他对于驻外销售人员的管理也没有相应地跟上,造成了新势力在没有受到制衡的情况下,迅速地转变成了消极力量,进而影响到总经理对整个新的变革领导团队的基本判断和认识。软性文化的缺失,让本来应该继续发挥积极作用的新势力,反而在变革的过程中过早地转化为既得利益阵营。这种问题的出现,充

分反映了 D 公司老板在企业运营思维上的不完整。任何一支团队的变革失败，从软性文化的角度追寻原因，都与此相关。

(5) **优柔寡断和缺乏强势个性**：老板对阻碍变革的旧势力没有清除干净。对于公司的旧势力，老板在明里是极力地打压，暗里却是人情味十足，刀子举起来但并没有真的砍下去。这些变革的原生阻力，从一开始就在团队内部强硬地存在着，到了变革的关键阶段，更是大为增加。老板的软弱，使得旧势力终于等到机会，东山再起，让形势恢复了老样子。这时的老板，其实最应该学习的人是"杯酒释兵权"的赵匡胤，或者让旧势力（老骨干和老员工）用股份换位置。

一个团队的带头人，当他决定要进行深层的变革时，为了避免掉进变革陷阱，他要么不调整原有的人员，要么一旦认定旧势力是构成团队发展的主要阻力，就应该毫不犹豫地清理干净。有不少老总向我表示了他们的担心，怕原有人员调整，带来客户流失、业绩下滑等问题，因此犹豫不决不敢迈步，瞻前顾后，畏畏缩缩，一颗果断的变革之心，总是被人情的乱麻缠住，既伤了他自己，又害了公司。其实，这些问题都可以用一些管理技巧一一化解，比如可以预先将关键客户卡位对接后，再实施大面积的人员整顿工作，这么一来不但能保住原有的业绩水平，而且能够在很短的时间内大幅度地提升业绩。

从变革执行人（"空降兵"）的角度我们能看到什么呢？

(1) 对于公司的产品没有充分和理性的认识，短期内无法满足老板的战略需求。从一开始，这支外部介入的管理团队和变革的执行者，就没有认真地思考过，这个产品本身的行业生命周期属性是否能满足老板急需扩张的战略需求。只要我们略加分析，就可以得出该小型直饮设备，对于国内市场而言，是一个新兴的产品（虽然在国外的使用已经很普遍了），需要一个较长的引导、教育期，不可能实现短期内良性动销的局面；即便要去做好教育消费者的工作，也需要大量的投入，这一点也与该公司一贯进行并擅长低成本扩张的思路，是相违背的。这一思路的错误，其实已经决定了这场变革的结局。

（2）在具体执行中，销售网络的铺开费用太高，而且是一次性地没有节奏地铺开。这支变革团队在公司的回款压力和自身短期利益驱动的双重压力下，开始启动全国市场，采取了毫无节奏和漫天撒网的渠道扩张策略，冲动而失之科学，根本不去考虑该产品还处在初级的市场导入阶段，本身的储备资金也不充分，不适宜大量地进行铺市。在这种形式下，摊子铺得越大，公司死得就越快。

（3）采用了传统的招商模式，变革思路没有创新，结果是无法真正启动消费者市场。虽然这种招商模式见效快，在一年内实现了回款两千多万的骄人业绩，但这只是一种回光返照，短期的爆发不代表持久的坚挺。接下来，经销商库存的积压、终端市场的启动不能……这些都是预料之中的事，疾病的爆发，瞬间摧毁了之前看似强壮的肌体。

（4）对于团队成员的普遍能力利用不足。变革团队没有很好地利用和发挥团队中原有经销成员的作用，单纯地只是依靠自身有限的资源，来博取终端市场。正确的做法应该是，在自身投入不足的情况下，积极设法与经销成员达成利益一体化的行动策略，充分整合每个经销成员在当地的资源，从而才可以达到 $1+1 \geqslant 2$ 的复合优势。换言之，没有在利益上争取与旧势力的精英达成一致，导致团队中的正面能量被荒废。

（5）只关注销量，而将老板最为关心的盈利指标置于脑后不顾，犯了原则性错误。这支变革团队错误预估了 D 公司老板对于资金的承受能力，他们简单地将业绩指标等同于销量指标。可他们也许不知道，对于年营业额不足 1 个亿的中小型公司而言，每一分增加的销售额，都要与利润直接挂钩，发展的首要问题是能够有基本的盈利面，在此状况下，才有可能谈企业的发展；而不计利润的经营策略，只能建立在资本或现金充足的基础之上，或者是自身的资本积累，或者是有外来的资本源源不断地投入。变革团队没有解决好 D 公司的这一关键问题，出局就是必然的了。

（6）没有整顿和管理好自身队伍。由于个别新势力组成人员的自身素质问题，影响到了这个团队的整体形象，让旧势力有机可乘，所以出现问题后，这

个新势力团队来承担责任,是无法推卸的。

(7) 对于旧势力没有进行根本性的清除。变革团队在对待旧势力的清理问题上,也显得较为软弱和无力,他们在得到老板明确授权和默认的权力空间之后,应该快刀斩乱麻,迅速地扫清这股阻力。但事实上,他们没有进行这一步操作。

有时,尽管存在各式各样的陷阱,但我们也发现改革是必然的,不能因为借口的存在就不敢行动。改革的必然性无关成败,而在于形势是否需要。只不过,作为一名团队的管理者,或者团队变革的参与者,在具体行动时,都需要从各个方面去修正自己的策略和行动,跳过陷阱,聪明而理性地进行变革。如此,才能成就一桩美满的"婚姻",而不仅仅是"蜜月"。

变革应当智慧地推进,但你需要谨记两个重要的原则:

1. 稳定和效率非常重要,但不能作为唯一的追求。

变革首先需要稳定,这是一种自然的要求,没有哪一支团队会刻意追求在动荡的秩序中展开革新;其次,变革也需要效率。不过,无论这两点多么重要,其实都不是团队变革唯一的目标。

团队的变革,应该更注重追求各种管理职能的提升,也就是内在的团队文化的建设,比如团队精神、规划组织能力、协调控制能力等关键要素的革新。如果这些软性力量得不到加强,即使变革使得公司短时间内能成为世界五百强企业,成为世界上效率最高的团队,也只是昙花一现的暂时现象,不多时日就必然会因为缺乏内在的力量支持和长期的成长性,让改革的成果灰飞烟灭。

2. 变革需要领导,而且是强势的领导,不能依靠员工的自发行为。

世界在不断变化,管理理论也在推陈出新,各种花样层出不穷。但不管怎么变,如果你要变革,你就要强势,这是永远不变的真理。从现在起,你就要知道,要在变革中取得成功,仅凭良好的管理和技术是远远不够的。甚至可以说,理性的领导者在团队变革中常常是一败涂地,原因就在于他们缺乏激情和强势的领导力，指望依靠员工及集体的自发行为，可这样的变革所取得的成果，经常是换汤不换药，因为旧的利益格局根本无法打破。

成功的关键是动员、控制并指引你的员工，培养新的或重新凝聚和加强共同目标，以及相应的职责。变革需要领导者强有力的行动，以获取和保持竞争优势，征服及说服下属，用毋庸置疑的姿态引导这场组织之变。

由此可见，领导与变革管理的能力，是一个成功团队的头儿必须具备的根本技能。变革依靠的，是"领导"而不是"管理"，是强势而非依从。很不幸的是，当前我们所看到的最普遍的情况，却是团队首领们正在体现出的"过度管理而领导不足"的糟糕状况。他们精于管理，但缺乏领导力和关键决策的信服力，无法超越旧的制度，以新的制度折服下属，重建权威。一个强势的领导者，他需要设定方向，争取认同，引发动机，激励人心，有此四点的能力，才足以领导团队成功地进行变革，这是团队革新的过程中最为重要的因素和力量。

实现关键性成长

无数的案例告诉我们，某一个部门或一家有野心的公司要深入地发展和变革，不可能做到面面俱到，兼顾所有的利益和诉求。抓住最关键的部分，实现20%的重点突破，其实就已经是最大成功。对那些团队管理者而言，这个道理没有不明白的，问题是如何发现什么才是对于自己最重要的，找到那个20%是重中之重。

有位公司老总，他在广东开一家服装加工厂，去年面临转型的环境压力，成本上涨，利润下降，从开始的狂赚钱，到现在的不赚钱乃至赔钱。一句话：他需要变革了，不变就得死。但是他想来想去，觉得每一点都要变，到处都需要突破，否则还是过去那样。他没有找到重点，盲目融资五百多万，扩大生产规模，以为这样就能脱颖而出，解决困境。

但是事实恰恰相反，车间增容了，机床增多了，工人也增加了不少，利润不但没有上升，反而更加恶劣地下滑，很快就把他的工厂置于死地。赔了钱，破了产，他才明白，自己最该变革的，不是整个生产工厂，而是他头脑中的思维和他的管理团队。他需要突破服装行业的传统加工模式，找到一条高附加值的新路。投资不会多，但难度很大，不需伤筋动骨，可这种变革是最关键的。

有一条著名的二八定律，对此阐述得很清楚，在任何一组东西中，最重要的只占其中一小部分，约20%，其余80%的尽管是多数，却是次要的。

犹太人信奉一条真理：78∶22的宇宙法则。世界上许多事物，都是按78∶22这样的比率存在的，他们永远占据20%的最优位置，只做最重要的事情，也就是拥有最关键的区域。

美国有一位企业家威廉·穆尔，他在为格利登公司销售油漆时，头一个月仅仅挣到了可怜的160美元。问题出在哪里？威廉差点为此崩溃，如果他不能弄清原委，他将很快赔光资产，从竞争中出局。此后，他仔细研究了犹太人信奉的二八法则，分析了自己的销售图表，发现他80%的收益只是来自20%的客户，他过去却对所有的客户花费了同样多的时间——平均用力，这是他过去失败的主要原因。

于是，他作出了改变，要求把他最不活跃的36个客户重新分派给其他的销售人员，而自己则把精力集中到最有希望给公司带来最大收益的客户上。不久之后，丰厚的回报就到来了：他一个月赚到了1000美元。

一项生意的成功，秘诀往往在于你抓住了最能赚钱的业务。威廉因为找到了助推公司成长的关键性业务，并连续九年从不放弃，最终成为凯利·穆尔油漆公司的董事长。

做生意是这样，团队的管理和变革也是如此。就像前面我讲到的，如果你盯着管理的每一个环节，试图将它们统统做得最好，那么很可惜，你得到的结果通常是竹篮打水一场空，哪一个环节都没有做好，团队的管理水平和业绩还在原地踏步，甚至变得更糟。

不仅犹太人是这样做事和管理的，世界诸多知名大公司也非常注重20%的关键部分。比如美国通用电气公司，他们在内部的管理上，永远把奖励放在第一，改革也常从奖励制度的优化开始。通用公司的薪金和奖励制度使得员工们工作得更快，也更出色。不过，他们只是重点奖励那些完成了高难度工作指标的员工，也就是可能成为公司支柱型员工的人才，这是一家公司或一个部门得以迅速成长的关键部分。

我们还有必要提一提另一家巨无霸摩托罗拉公司，它的团队管理文化认为，在100名员工中，前面25名是好的，后面25名差一些，所以应该做好这两头的工作。对于后面的25人，要给他们提供发展的机会；对于表现好的，则要设法保持他们的激情。摩托罗拉的死敌诺基亚也信奉这一点，他们永远关注最优秀的20%的员工，并为他们设计出一条梯形的奖励曲线。

○ 团队的成长，得益于20%的部分：关键人物、关键业务和最关键的计划。

○ 团队的变革，要从20%下手：引进关键的制度，增加关键业务和制订最优计划。

在一次培训中，有位杭州的公司部门经理问我："假如我们在作出调整时，所有人的利益都会受损，20%的关键性成长理论还有效吗？"这意味着一支团队要卷土重来。一些职业经理人的困惑就在这里，他们接手一个部门，第一眼看到的是一大群人眼巴巴地望着他们，希望在即将到来的变革和调整中，保证自己的利益。如果每个人的利益都要受损，其实已经意味着个人利益大过了团队利益。

那么，解开这个死结的通道在哪里？

1. 最优化的人力资源配置

此时的带头人，不但要努力保持稳定的人力资源结构，更要保证人力资源的最优化配置。利益受损是一种共性，那么就不存在"照顾式"的情绪，一视同仁，以才待人，以清醒的头脑，明确20%的核心成员都是谁，将重点放到这里。

2. 量体裁衣的理性搭配

剖析这些人有什么样的特点和优势，以便你采取相应的策略，剔除非关键的部分，不需将他们的诉求纳入变革的核心区域。在这个基础上，重点培养和激励这20%的骨干力量，充分发挥他们的骨干作用，从而带动另外80%的员工的积极性和创造性，实现变革目标，达到提升整体素质，提高工作效率的目的。

3. 整体利益永远是第一位的，私利不被考虑

无论什么理由，一名下属甚至团队管理者的个人私利，都不得在变革的考虑

范围之内。所有人都会受损时,就意味着无人受损,这是对公平从另一角度的解读。记住,你只需盯住唯一的变革原则:提升团队的整体利益,把握关键性的成长部分。除此之外,不管什么因素,在这个大目标面前,都轻如鸿毛,不值一提。

2007年,我所在的公司销售部门需要推出新的激励制度时,许多新老员工排着队找我提意见,主题就是诉苦,告诉我他们的工作很辛苦,每天奔波,风吹日晒,付出多但赚得少。现在,公司的激励制度将更加严格近乎有些不近人情,这让不少人无法接受。

我理解他们的心情,因为我也做过一线的销售工作,知道其中的酸甜苦辣。没有哪份工作是轻松好做的,客户要求越来越高,自然销售的提成就很难拿到了。我告诉他们:"对于大家的情况,我很同情,也感同身受,但公司是什么?是以追求盈利为唯一目的的组织,这里不是慈善机构,我们在制定规则时,在考虑员工的实际工作能力的基础上,最主要的原则就是你为公司贡献了多少,而不是这份工作有多辛苦。"

如果我不能保证公司的整体利益,即便暂时保住了这些员工的当前收益,随着销售的恶化,目前他们得到的这些,将来有一天也会全部失去,因为公司已经破产不存在了,他们也将失业。所以,这项新制度的推出,只有一个目标:奖励能力最强的员工,继续提升他们的销售业绩,淘汰平庸的员工,并激励那些潜力型员工,促使他们更加有效地工作。

很显然,当你接手这样的一项任务时,假如怀着一颗仁慈之心或企图照顾方方面面的"博爱"之情去工作,你所得到的,绝不会是一轮朝阳,而是残酷无情的最现实的失败打击。无论是业绩的提升还是内部的改革,抓不住最关键的部分,注定会失败。

TEAM

CHAPTER ELEVEN
管理的学问

>>> 学会管理别人,你就买到了成功的门票

>>> 难的是让优秀人才为你所用

>>> 管理小团队与大团队的区别

>>> 分权——让优秀骨干替你管人

>>> 建立共同愿景——这是成功的保障

学会管理别人,你就买到了成功的门票

● **成功的企业家第一个本领就是管理人**

为什么你要懂得管理人?
为什么你要学会管理人?

理由很简单,因为人是高级智能动物,具有无法更改的"扩张性"——争夺利益,并开拓领地。所以,只要人多了,聚在一起就会有矛盾。矛盾往往就是由利益引发的。管理人的本质,就是管理利益的分配,让所有人都服从你的安排,这时你就拥有企业家的最基本的素质了。

1. 管理人的重要性——控制"公司政治"

管理就是控制人的利益争斗。人们在公司内部为了各自的利益不停争斗,这是一种永恒的状态,因此就被称为"公司政治"。除了人与人之间,不同的利益阶层之间也存在着激烈的博弈。这就体现出了管理人的重要性。我们管理人的目的,就是控制住"公司政治",让它良性运转。

2. 优秀管理者的必修课——掌握管理生态

既然"公司政治"是管理的常态,也是企业的基础生态。那么,掌握管生态，管理企业的员工，就成了一名优秀管理者的必修课。如何利用和控制员工，提升他们的战斗力，稳定公司的秩序，是所有的企业管理者都应该具备的核心技能。

3. 成功的核心在于"控制人"

现在每个企业家都在讲"公司政治"，也都在研究"公司政治"。但是，把"公司政治"做好的核心是什么呢？如何才能成功地管理下边形形色色的人才？核心就在于控制。你能控制了人，就等于主宰了自己的命运，踏上了成功的正轨。

这对企业的领导者尤为重要。"公司政治"就是人的争斗，它主要表现在权力争夺、利益分配和人事调整等方方面面，整体上呈现为动态的利益博弈，领导者要驾驭局面，就得把这些不同的利益纷争、不同的人的竞争驾驭住——驾驭得好与坏，直接影响到自己管理的成败，事业成就的高与低。

能把人才管理、控制得当的老板，就能成功地使员工认同企业的使命和愿景，并且为了这些共同的目标，暂时搁置眼前的利益纷争，付出全部的才华，去共同奋斗，创造企业的辉煌，打造出大蛋糕。

能成功地在这种局面下管理人的老板，也能避免团队的动荡、不安和损失，并最大限度地激发员工的热情和创造力，并且吸纳越来越多的优秀人才。

4. 不会管理人，就给自己埋下了炸弹

一位不会管理人的老板，他的生活会有多悲惨？我可以告诉你，假如你不懂得管理人，哪怕你再有钱，公司实力再雄厚，在你的公司内部，也会出现利益冲突、失衡的状态。当正常的平衡制约关系被打破时，人们都为了自己当下的既得利益相互倾轧，彼此争斗，损人不利己。结果就是，骨干员工逐渐流失，人员跳槽率极高，企业的凝聚力遭到破坏，经营和管理都陷入瘫痪的状态，企业也失去了前进的动力。

深圳有一位老板是我的长期客户。他是一个很好的人，但管理上一塌糊涂。具体表现在哪些地方呢？比如在他的公司有一堆创业元老，都担任副总裁。他

为了表现出自己与大家的平等，就和这些人（副总裁）拿一样的工资，但承担的压力和风险却比他们大许多倍。因为这些元老本质上都是打工者，不需要承担企业破产的风险（即便破产也有钱拿）。

而且，公司的每一个副总裁又分管2～3个部门，有管理的责任。总裁把工作任务分配给他们后，副总裁则甩手转交给下面的部门经理，工作完成后，副总裁也不仔细监督审查，直接让总裁（大老板）去管。

这叫什么呢？我的定义是"企业的吸血鬼"。过去的资历使他们拥有了这样的福利，但应该负的责任却消失了。总裁当然是不满意的，十分痛恨这种现象，也认识到了这种情况的危害。但他只能找机会训斥一下这些副总裁，拿他们也没什么办法。这表明，他已经失去了管理人的能力，企业的危机已经埋下了。从企业管理的角度看，很多公司在创业阶段表现得十分卓越，但达到一定规模后，都会出现停滞乃至突然崩溃的情况。这就是原因之一。

我帮他分析出现这些现象的原因："他们是元老，也是股东，是跟你白手起家一起过来的。这就造成了一种错觉，他们觉得你们是一种亲密的伙伴关系，而不是雇用关系。时间长了，就觉得你和公司都离不开他们，即便犯了错误，你也不能开除他们。所以，这些人没了危机感，而你迫于面子，又不好强迫之，于是困局就出现了，炸弹就埋下了。"

"我应该怎么办？"他问我。

我说："第一个作出改变的应该是你，你应该重新回到管理的角度，去运用组织学原理，去拿公司的制度说事，按照职能分工对他们提出要求。这才是名正言顺的，而不是总拿感情说事，总在私下沟通，这是没什么效果的。你要让自己成为裁判，裁判的对象就是他们的工作业绩，让他们明白，只有达成了既定目标者才有奖，达不成的则会受罚，采取铁腕手段，才可以驾驭局面。"

接着，我又帮助他分析了公司在组织设置和责任分工上存在着的诸多问题：

——副总裁太多，而且每名副总裁都分管几个部门。在这种结构下，虽然他们都听命于总裁，但副总裁之间的关系却有问题：互相牵制有余，协同不足。

只要大老板不主动盯着，工作就会陷入停顿。

——这些人握有实权，但又对管理的贡献不足。而下边干实事的部门经理却缺乏独立的授权，只充当了一个跟班的角色。

——上述两条，导致了副总裁和部门经理成了不做具体工作的虚职，累死下面的员工和上面的老板。

由于存在这三个主要问题，就导致了企业很难培养出下边的职能部门的工作能力，使得重要的岗位人浮于事。在最上面的老板看来，就是干活的累死，不干活的闲死。而且，中间阶层不干活，最忙碌的就是老板和下边的普通员工。

5. 管理人的最高境界是帮助他们"认识自我"

他需要一个整体的调整方案。最后我建议他，需要结合公司职能设置的需要，灵活地运用"公司政治"的手段，去管理这些有功之臣，引导他们重新认识自我，找到新的奋斗方向，提升他们自己的管理能力，进而改善企业的管理生态。

（1）对于公司的组织架构进行调整，暂时取消副总裁的职位，再把原来的 15 个部门合并成 6 个部门。

（2）让原来的副总裁每人担任一个部门的经理，并让原部门的经理去担当一个独立部门的副总，并授给一定的实权。

通过这样的改革，就让老资格的副总裁与后来新进的经理站在了同一竞争起跑线上了，让他们公平竞争。他们必须通过现在和未来的工作业绩证明自己的价值，而不是凭借自己过去的功劳。重要的是，考核必须公平，能胜任的人继续留任，不能胜任的则坚决降职或淘汰。只有抱定这样的态度，他的企业才能起死回生，重新恢复活力。

● **前提是识人**

如果不能识人，不会识人，人员管理就成了空中楼阁。

那么,识人又是什么?

识人就是通过一系列的观察和考核,来识别和发掘下属的优势与潜能。从本质上讲,识人就是用人之长,把人才找出来,然后让他们最大限度地发挥作用,对你的事业形成助力,对你的公司产生帮助,并且让公司与这些人才共同成长。可以说,识人是一个成功的管理者最重要的能力之一。不会识人的老板,他也就不会管理人;无法准确识人的老板,他的企业也就留不住人才,失去了成长性。

具体而言,识人又分为四个方面:

第一,识别能力。

对于一个人(下属)的基本特点,特别是他的优势、特长有着深入的了解,作出成熟判断的能力。这一条对管理者是很重要的,我们对于一名员工的潜能必须拥有高度的预测和判断力,并要能看出这个人将来可以达到的高度。

第二,进行优势使用的能力。

也就是能否用人之长的能力。只是识人还不够,我们要尽可能地使他去做自己擅长做的事,并且为其发挥自己的能力创造一切有利的条件。这一条是识人的第二个境界,比简单的识人要高一层,代表了识人的实用性。现实中不少老总普遍存在这种情况:他们知道一个员工的能力是怎样的,也有很好的预见力,但就是不会用。那么再强的识人能力对他也是没有任何意义的。

第三,激励的能力。

把人才放到正确的位置就万事大吉了吗?不,我们还要注意到他们的实际需要,并且有针对性地采取激励措施,以激发他们的工作热情。这其中包括必要的奖励和全力以赴支持的环境,用福利解决他们的后顾之忧。

第四,促进他们成长的能力。

这是识人的最高境界,即我们不但能看到一个人才的过去和现在,还要看到他们的未来,并帮助他们实现这种光明的未来。好的管理者,需要具有这样的能力——他们要把优秀下属的成长和发展视为自己以及企业的责任,努力为他们创造发展的空间和机遇，促进和帮助他们成长。在这方面，容不得管理者有半点私心。

识人的等级——你在哪一级？

第四等级的管理者：他们对于下属根本不了解，或者知之甚少。有的人他们连名字也叫不上来，更别提了解他们各自的优缺点了。所以，这类管理者不具备一丝一毫识人的能力，也很少激励下属并且给予他们成长的空间。

第三等级的管理者：他们具备了一些识人的经验，比较了解下属的特点。同时，对下属的长处与不足他们也有所了解，至少可以用其所长，把他们安排在能发挥他们才能的位置上，然后给他们一定的自由发挥的空间。但总的来说，他们与下属的沟通是不足的，在激励方面，虽有一定的建树，却无法再做得更好了。

第二等级的管理者：他们充分地了解到每一名下属的长处与不足，可以十分灵活地运用他们的优势能力，给他们一个足够的空间来发挥才能。并且，他们也能够经常地给员工支持和激励，让他们在这个团队工作得十分愉快。在识人方面，他们是出色的管理者，但却还未达最高的水平。

第一等级的管理者：这类管理者已经从识人进化到育人的境界了。他们不但对于下属了如指掌，能够做到人尽其用，总能把他们的特长发挥得淋漓尽致，而且，还可以提供给下属一个不断成长的空间，激励他们向更高的高度迈进。从某种意义上讲，他们是下属的授业恩师，对他们有知遇之恩，甚至有重塑一个人人生的能力。

我们知道，一个成年人的信仰、思维模式和行为习惯，往往已经基本定型了，他们不管遇到什么样的情况或外界条件的刺激，虽然会有改变，但都难以发生根本性的变化。可技能就不同了，这是动态的能力，是可以获得与失去的属性。因此，只要培养得当，技能终身都有不断提升的可能。

那些现实中的优秀人才，首先都是"选拔"出来的；其次才是我们"培养"出来的。弄清楚了这一点，你就会明白，发现和培养优秀人才的步骤就是先选

择,再培养。如果事先的选拔失误,识人错误,选错了人,那么日后的培养注定不会有好的结果。

识人第一步:先看信仰,因为信仰是一个人的"灯塔";

识人第二步:再看思维模式,因为思维是"船";

识人第三步:最后看行为习惯,因为行为是"桨"。

简而言之,我们识人的目标,就是为自己的事业发现领导型的人才,并把他们纳入团队的成长之中。发现他们只是第一步,管理好他们才是我们最终的目的。因此,在判断与选择卓越人才的过程中,必须充分地考验他们的忠诚性,再量体裁衣,把他们放到一个最合适的位置上,发挥人才应有的效力。

● 发现有能力的人,并把他们聚拢到一起

我们知道,就算你的才智无与伦比的出众,远远地超越所有的下属和同事,你也不可能胜任所有的事情,并完成所有工作。我们不是神,我们都是人,这是世界的现实。即便乔布斯那样的人,也需要一个好的团队帮他完成设想。

所以,一个知人善任的领导者,他能做的就是发现尽可能多的强者,聚拢尽可能多的优秀人才,把他们组成一个强大的团队,才可以完成超过自己能力的伟大事业,即我们必须学会辨识强者,然后用好强者,因为成功就是让有能力的人替你把事情做成。

难的是让优秀人才为你所用

● **发现强者的需求，找到共鸣**

现代企业竞争的关键已经从资源的竞争转变为了人才的竞争，我们想做成一项宏大的事业，要发展自己的生意，要在日益激烈的市场竞争中立于不败之地，最关键的就是吸引和留住优秀的人才。让强者与你并肩作战，不赢也难！

但是，怎么才能让强者选择站在你这一边，而不是跑到你的竞争对手那里去呢？第一条，就是转变你内心中的传统观念，深刻地认识到人才在团队构建中的重要性，从思想上提高认识；第二条，是让自己的重心从"让人才满足自己需求"跨越到"让自己满足人才的需求"上来，主动发现那些优秀人才的需求，看看他们的目标，想一想他们的立场，然后在这个基础上找到共鸣。

共鸣是你们之间向心力的保证。要想吸引和留住强者，就必须为他们建立一个良好的氛围，也就是舒心的工作场所。优秀人才的需求是什么？往往最大的需求就是对工作环境的要求，其次是对工作薪水的期待。看到了这一点，你就发现了共鸣的区间，也就看到了向心力的保证。

我们都知道，沃尔玛是和谷歌一样极端关心自己员工的公司，他们几乎所有的管理人员都用上了镌有"我们关心我们的员工"字样的包纽扣；他们把自己的员工称为"合伙人"，而不是简单地称呼为下属；他们还十分注

意倾听基层员工的意见，时刻关心他们最近的动向和需要，创造条件给予满足。

沃尔顿在培训时对下面的中层管理者交代说："问题的关键在于你们要深入卖场，听一听各个合伙人要讲的是什么。那些最妙的主意都是店员和伙计们想出来的。我们要仔细倾听，满足他们的要求，尽可能提供一流服务给他们！"

你听，卓越的老板志在为自己的员工提供一流的服务，然后才能使自己的企业为客户创造一流的产品！当你面对一群优秀的下属时，当你这样做时，你的事业又如何不强大呢？你的人才管理能力又如何不被人佩服呢？

就"怎样才能接近强者"的问题，每个人的困惑是那么的一致。我们可以利用充裕的时间——管理者总是不缺乏这样的时间——来看一看用什么办法才能发现和走近强者的内心，同时看看怎样做才可以为自己积累可用人才这种资源。

优秀的人都在什么地方？

（1）猎头公司，这是毫无疑问的，它们掌握着大量的出众人才。

（2）同行业的竞争对手，越是好的公司，就越有优秀的人才等你去挖。

（3）前来求职的人中，虽然比例很低，但需要你有一双慧眼，也需要你拿出自己的耐心。

（4）自己的下属和同事之中，这需要你有培养与挖掘的天赋。

怎么走近他们？

（1）利用你们共同的专业特长；

（2）寻找共同的思维方式；

（3）拿出勇气，不要害怕去打扰他们。

如何让你们的需求达成共识

让他们知道你想做什么是至关重要的，但方法很关键。你必须用对方法，用他们能接受的行为模式，否则即便有共同需求，也难以达成共识。

● 用人格魅力感化强者

　　人格魅力是一个好东西，人人都希望自己有强大的人格魅力，但为什么能称得上人格魅力强大的管理者少之又少？在许多公司，老板总是习惯性地依靠恐吓和训斥来领导他的员工，他们以为只要这样做就可以镇压员工的反叛之心——但实际上，没有什么比这种做法更错误了。这样的老板都是不称职和不合格的。

　　一个老板如果通过制造恐怖来经营和管理他的团队，来管理手底下的强者和卓越的雇员，那么全部下属（除去老板的任何一个人）都会感到紧张，即使有问题也不敢提出来；人们变成了结结巴巴和战战兢兢的"沉默员工"，结果就只会使问题变得更坏。更可怕的是，在老板需要手下尽快拿出一个独创性见解时，他会发现没有一个人敢于站出来表述。或者说，很少有人愿意为老板作出这样的牺牲，因为他们觉得不值得冒着承受恐怖的风险。

　　一个"坏风格"的老板，他的下场不会比他用暴力或恐怖镇压的下属好多少。这也表明，人格魅力其实是一种相当受欢迎的品质。公司的管理者（老板和各部门的主管）都应该尽可能地展示自己的人格魅力，以诚恳和亲和的态度去与自己的员工打交道，必须真正地了解员工的为人、他们的家庭、他们的困难和他们的希望。同时，必须发自内心地尊重和赞赏他们——不是虚伪和应付的，从细节上表现出对他们的关心，这样才能够真正地帮助他们成长和发展，也才能获得员工发自内心的认可。

　　比如管理者可以不定期地询问一下他们——

　　"嘿，你在想些什么？"

　　"小王，你最关心的是什么？能跟我谈一下吗？"

　　通过和他们聊天，了解他们的困难和需要，并真诚地帮助他们解决所遇到的难题。不管你的雇员（目标）有多强，乃至根本不需要你的相助，你也要热情地表现出自己的希望，让他们体会到你是真诚的。目的总会在这样温暖的氛围中达到，就像一位雇员在描述自己理想中的上司时所说的：

"他应该是能够让我们发自内心地敬仰、敬畏以及崇拜，就好像一位伟大的运动员，或者政府首脑。但只要他放下身段来到我们中间，便能让我们油然而生一种亲近之情，就好像和朋友甚至家人在一起一样。我们崇敬他，同时也感激他，而他则让我们每个人都能感觉到自己的重要性。理想的上司大概就是这个样子的吧，有这样的上司，相信每一位员工都会发自内心地感激涕零，欢欣鼓舞，竭尽全力地为工作付出一切！"

第一，你要做到公私分明。

第二，多使用柔和的沟通方式，而不是强硬地展示力量。

第三，聪明地树立你的威信。

威信是管理者在人才管理时必须树立的，但树立威信却需要更好的方式，并不是你只要手持一根大棒就可以让员工服从你的权威了。否则，即便你能够管住他们，命令他们跟从你完成各项工作任务，也无法塑造出足够的凝聚力。表面上看，你是管住了他们，可一旦公司遇到危机，他们就会毫不犹豫地弃你而去。

真正的威信是下属心甘情愿地跟着你干，不但信服你的权威，而且在危机时相互抱团，和你一起共渡难关。要实现这样的目标，管理者就必须以身作则，先正己，再去正人，比如你必须讲原则、讲正气、讲纪律，让员工觉得你是他们的领头羊，是他们做人的榜样。这样，他们干工作时才有目标，做事业时才有方向。当然，在这个过程中，人格魅力是必不可少的。

3. 提供梦想的平台

善于用好人才的前提条件是什么？就是给他搭一个梦想的平台——当他觉得你这里拥有他需要的一切时，他就会毫不犹豫地选择投奔你。否则，即便你是这个世界上人格魅力最强大的人，他也会对你说一声"敬仰"然后转身离开。

因此，要想尽办法，把好的人才选进来，还要留住他们。这需要你提供一个具有强大吸引力的体系和事业模式，来最大限度地发挥他们的潜能，帮助他们实现自身价值。

为了让我们的员工在企业中得到自我实现的成就感，特别是那些条件出众的职员，我们应该为他们搭建一个完善的事业发展的平台。现在，国内很多优秀的企业已经开始了这种探索，希望在自己的公司建立一些综合的职业发展管理体系，帮助优秀的员工将他们个人的职业理想与企业的前途命运结合起来。这些年来，我和我的机构也在国内与大量的企业客户合作开展这项服务，重点在于为他们提供梦想的平台，引导员工在他们的工作中实现个人的理想，同时使企业受益。

● **严格和公正的制度**

通过多年的相关工作——在为全世界的企业家提供员工管理课程和专业咨询的过程中，我发现最有力的管理优秀员工的方法就是建立制度：建立一套严格和公正的规范化制度，是企业健康成长、快速扩张与发展的核心动力。

不论你的公司是什么类型的企业，要想更加有效地成长，聚拢越来越多的优秀人才，就必须设立一套吸引人的制度，而不是仅靠领导者的个人魅力。

当然，一个重大的问题是基于创业型公司的，比如一位创业公司的老总问："到底在多大规模的时候进行流程和制度的规范化建设？"

答案是，我们很难给出一个明确的标准时间，也无法统一规范，因为不同的创业公司在规模、结构、管理团队的风格、业务复杂度和核心人员的能力上都存在一定的差异。但有一点是肯定的，一旦你开启制度化建设，就必须永远遵循公正的原则。

管理小团队与大团队的区别

● **从管理小团队开始**

我们总是先从管理小团队开始的,比如一个3～5人的工作小组,一个20人左右的部门,然后才会逐步升级到对大团队乃至一个公司的管理。当我们面对的是一个很小的团队时,不管人数多少,我们都需要学会先做一些基本工作。

1. 必须在团队中树立良好的个人形象

这是我们管理任何一种团队的关键。员工在观察和判断一名领导者时,第一要素就是看他的个人形象,而不是他的能力。这是人们普遍的心态。如果你的个人形象足够正面,就会在第一时间树立最基本的权威;否则,员工对你的逆反心理就会压过服从心理,你的麻烦就大了。

2. 邀请团队成员共同制定团队制度

同时,你也要确保每一个人都是心甘情愿去遵守的,时刻注意保持制度的有效性。这项工作在团队只有2个人的时候就应该开始了,而不是等到团队成员扩充到了5人以上才不慌不忙地开始制度建设——这时候往往已经晚了。

3. 去尽心尽力地帮助每一名团队成员

因为你是靠团队为你创造价值的，他们中的每一个人都需要你的帮助。无论是心态的好坏，工作上的顺逆，还是他们职业的发展，甚至生活中遇到的困难，都需要你的关心和协助。对此，千万不要觉得这是他们自己的事情。

4. 和每个人进行一对一的沟通

在小团队中，我们要具备一对一沟通的能力，并且时常和每一名成员进行有效的沟通。有时候，可以每周做一次；有时候则需要每天进行。沟通的频繁程度，取决于工作的密集度。打个比方说，当我在长江实业刚开始领导一支小团队时，我至少每周和自己的下属进行一次谈话；在工作比较繁忙时，我甚至每3天进行一次短暂的早会，和他们每个人进行3～5分钟左右的交流，来保证工作的进度，掌握他们的思想动态。

5. 确保正确的人被安排到了合适的工作中

这听起来好像比较困难，因为不是每件事我们都安排得十全十美，有时会有某些人做了错误的工作。不过，从任何一次失败中吸取教训是必须做的事情——当某名员工被发现不适合去做一项工作时，下一次就必须确保不会再出现类似的错误安排。

● 不可回避的利益分配机制

不管小团队还是大团队，一个公正的利益分配机制都无法避免，也不能回避。你是如何对待这门功课的？我们知道，物质利益无非包括工资奖金、实物福利、股权分配等，这是人们最敏感的部分，也是员工最感兴趣的东西。你怎样在不同大小的团队中设计利益分配模式呢？

在所有的团队中，我们都应该坚持三条基本原则：

第一，在"给不给"的问题上，你不能马虎；

第二,在"给多还是给少"的问题时,你不能马虎;

第三,在"真给还是假给"的问题上,你也不能马虎。

也就是说,不管你的物质承诺是多是少,只要是你承诺下的利益,你就必须满足并且如实兑现。但现实中这个问题频发,执行起来并不尽如人意。

比如有的公司很注重愿景激励,可对存在的问题尽量回避不谈,给团队展示的永远是好的一面。这就等于给员工画苹果,描绘出来的永远是诱人的"钱景和钱途",但就是无法兑现。虽然画苹果的做法在短时间内调动了员工的积极性,可时间一长,人们就看出来了:"我们的老板是在空手套白狼!"那么到最后,团队成员就对你失去了信任,变得心灰意冷,离心大增,你的团队也就到头了。

因此,小团队可以给小利益,大团队可以给大利益。但归根结底都不能逾越这一条原则:说到就要做到,对每个人都言而有信。要让大家从团队的发展中切实受益,而不总是望尘莫及,或者每次只差那么一点点。只有这样,小团队才能脚踏实地发展成大团队,你的事业才能顺利发展。

● 六个人是道槛

"我的团队太大了还是太小了?"

"你认为团队的人数达到多少时是关键的突破?"

在咨询中,经常有人向我请教类似的问题。他们对团队的人数感到困惑,也不太清楚小团队与大团队的人数分割线是多少——精确到个位数的分割线在哪里?对此他们很感兴趣。但实际上,团队的规模并不是我们应该立即考虑的问题,虽然它确实很重要。我们需要关注的重点在于——不管团队大小,每个人都是很重要的。

但是,一个最佳团队的人数是否真的存在?我的看法是,它完全取决于任务。假如你需要一些为你打扫一座偌大球场的人,人数完全没有限制的必要,你甚至可以要一百个人。因为人数越多,打扫得就越快。但如果你需要的只是一个行政管理团队,答案立刻就向相反的方向发展——人数越少越好。而且在我看来，一个精英团队的最佳人数是 6。

原因是什么？

（1）凡是 5 人或者 5 人以上的团队，人们的工作动力就会逐渐消退。这限制在需要密切配合的团队中，但规律大体如此。

（2）在团队的人数超过 5 以后，你会发现团队成员就都开始寻找自己的小圈子。

（3）当人数到达 6 时，在讨论会上各抒己见的次数就会猛烈激增，达成共识的难度也变得无与伦比的大。

这三项因素决定了 6 个人是团队的一道槛，也是管理者必须迈过的一道关卡。当团队人数突破 5 达到 6 时，意味着管理难度增加了，也表明你需要付出更多的精力才能管好他们。

● **大团队管理者的必备素质**

相比于员工，管理者最需要快速成长了。当小团队成长为大团队以后，管理者需要做的转变是什么，需要具备的素质又是什么？

1. 注重并且擅长发挥制度的作用

大团队的管理者，首先必须要理解并且尊重公司的规章制度，而且是带头遵守。与此同时，我们还应该是一个可以坚决地坚守原则的人。然后在此基础上，充分地发挥制度的作用去管理员工，让每个人都成为制度下的雇员，尽可能地避免人治行为对团队工作的干涉。

遵从于制度，既可以约束自己的行为，保护团队的权益，又可以依循制度对下属实行充分的管理。这样就可以让团队的运行处于一个有序的轨道之上，减少因人施治的矛盾，让管理通畅。

为什么在大团队中制度如此重要？因为凡不遵守制度、不重视制度的人，他们的行为必定会与企业的管理产生冲突，而使个体不能融入集体。不尊重制度的管理者，也就缺少了对他人实行管理的权力。所以，注重制度应当作为管理者必备的条件，也是首要的条件。

2. 善于协调各方面的不同观点和利益

对大团队而言，在我们实际的管理工作中你会发现，人和人、事与事之间的关系都不同程度地呈现出它的复杂性，就像一位老总所说的："我的公司水很深，让我一头乱麻。"他为什么有这种感觉？因为人太多了，人和人的区别，人和人的利益的不同，使得团队表现出了各种各样的矛盾冲突。同时，大团队的个体需求也是多样化的，甚至于在其中的一个部门内，也随时都会产生一些不融洽的局面，进而影响团队工作的正常推进。

面对这样的问题，管理者就得拥有非凡的协调能力，来使各方面的观点和利益融合起来，使他们达成一致。所以我经常说，对一个大公司的领导者而言，他自己有没有做业务的本领无关紧要，但他必须具有积极地协调与中和的能力，把团队内的复杂问题简单化，让大事化小，小事化了，消除不利因素，保持与维护团队的凝聚力。

协调能力，一是表现在我们要坚守基本的原则，使团队自身利益不受损害；二是学会宽容，在必要时能对一些人、一些事适度地让步，从而达到双方的共存共荣。当然，在这个过程中的判断和分析能力也是非常重要的，我们要学会分析导致矛盾的原因是什么，抓大放小，对症下药，迅速调节和化解矛盾。

这种能力，既是作为管理者的职责，也是对我们的为人处世能力的直接考验。当你准备着手管理一支大团队时，要好好想一想自己是否具备了这样的素质，是否掌握了协调的要领与具体的手段。

3. 不断学习和充电的能力

大团队的情况复杂多变，面临的外部竞争也更加激烈，但人的知识总是有限的。所以，我们还应具有学习的能力，去积极地学习新的知识、掌握新的本领，博采众长，运用新的技能管理团队。

一方面，我们从事本职工作的业务知识要得到巩固，不断强化，直到完全熟练；另一方面，我们也应该补充其他的业务知识，接触和研究最新的观点、技能和方法，去丰富自己，提升自己的思维，开阔自己的视野。这样一来，我们才能跟得上团队发展的步伐，始终走在创新管理的最前沿，成为管理能力最强的管理者。

分权——让优秀骨干替你管人

● **人才管理的本质就是分享权力**

我在长江实业工作的第三年，就成为销售部门的一个小头目。换句话说，这时候我开始管人了，手底下有了一支维持在5～8人的小团队。很多人可能会艳羡："哇，当领导的感觉一定很舒爽。"其实呢？只有坐到管理者的位置上，你才会发觉这个工作有多么艰难。当时我面临的第一个任务就是，我需要给自己培养一个助理，因为没有一个这样的人帮助我进行管理，我几乎不能顺畅地指挥下属完成既定的工作任务。

因此，在做管理的前两年，我的工作很辛苦。一方面，我要找一些人来分担我的工作，培养助理并给他一定的权力，让他协助我进行销售部的管理；而另一方面，我又不能完全对他放权，否则他心存不轨的话，就会很快自立门户，拉拢一帮人把我架空，然后公司就真的把我的全部权力转移给他了。

这就是管理的现实，是以结果论英雄的，而不是以你的初心或目标。如何做才能安全呢？唯一的解决之道就是分权，即将我们的工作分成几块，再让不同的人分别掌握工作内容，而不是由一两个人掌控全部。这就是人才管理的本质。高明的老板都是通过恰当的分权来管理下属的——让聪明人互相博弈，自己去做那个高高在上的仲裁者。

分权是一种艺术，你的艺术到什么境界了？

在企业内部的管理中，我一直强调的概念就是分权和综权。分权就是把权力分配出去，综权就是通过这种权力的分配，将权力又综合起来集中到你的手中。这不但是一门技术，还是一种艺术。

法国以前有一个皇帝的儿子，跑去向重农学派的代表人物奎奈请教："假如由你来管理法国，你会怎么做？"奎奈答："我什么都不做！"皇子不解："那由谁来管理国家呢？"奎奈的回答是："让规则来管。"

没错，分权这门艺术的核心就是两个字：规则。看一个人的分权艺术到了什么样的境界，就看他是否明白规则的重要性，是否懂得设计分权的程序、制度和构架。在我多年的咨询与培训生涯中，我发现那些依靠高层的力量去维系的公司，大多发展得不好，而且从上到下都很累——老板累，因为他自己把工作包圆了；员工也累，因为他们不知道自己做什么。但反过来那些每天去玩耍、旅游的老板，有的一年中有好几个月不在公司中，他们的企业却运转得很好。其中的差别就在于，后者形成了分权的规则，前者则没有！

擅长分权的老板，在企业发展到一定程度时，都会开始思考制度化管理的问题。一旦将分权与综权制度化，企业就可良性运转。如同一辆自动驾驶的战车，速度越来越快，且始终保持旺盛的战斗力。

分权的最高境界：

（1）责、权、利清晰。分权的流程是科学的，企业的运行效率也是有保证的。

（2）没有"可有可无"的闲职消耗企业的管理成本，任何一个职位都有它的用途，任何一个人也都有他的功能与价值。

要做到上面这两点当然不容易，这对企业家的要求是极高的，但不意味着我们无法做到。我们所需要的除了胸怀与眼光，还有勇气和毅力。你可以没有具体的手段，也可不精通其中的奥妙，但你一定要拥有敢于放权与分权的思想和坚决的态度。有了态度，我们就什么都能做到。

● 怎样付出你的信任?

我们在管理时,当然要与员工相互间建立信任。没有信任,团队就是一盘散沙,你的管理也就成了彻头彻尾的"唬人"。和下属的信任关系,是每一名管理者都想达到的理想的用人状态,这是毋庸置疑的。关键是,应该用什么样的手段来获取信任,以及通过什么样的渠道来付出你的信任,放心地给下属权力?

"用人不疑"和"疑人不用",这是一条关键原则。你对自己的手下要做到完全信任,放手地让他们工作,大胆地负责。因为信任是对人才的最有力支持。既然你用了他,就得信任他,否则还不如直接让他出局。最怕的就是既用又疑,这只能摧毁双方的合作,同时让团队弥漫在一种猜忌的氛围中。

也就是说,我们必须是在可以信任的基础上用人,否则还不如坚决不用。没有信任感的用人,即使你给了他高官厚禄,也无法赢得他的忠诚。这种放权就会形同虚设,毫无价值可言,起不到它应有的作用。

在面对下属时,我们需要这样做——

第一条,我们要相信下属的道德品质是良好的,是经过考验并且能够继续经受考验的。

第二条,我们要认可下属的工作态度,不要无端怀疑他是否会松懈怠工、是否会阳奉阴违。

第三条,我们要理解下属的内在需求,尊重他们的个人意愿,并且为他们个人目标的达成创造条件。

第四条,我们要明白下属的工作方法,要理解他们为什么会这么做,然后全力支持,提供一切有利于其开展工作的便利。

第五条,我们要充分肯定下属的工作才智,而不是打击他们的士气。要多对他们的工作进行奖励和赞扬,让他们在工作中体验到成就感。

第六条,我们还要充分地信赖下属的工作责任感,相信他们是负责任并且也是愿意承担责任的,而不是老觉得他们在逃避自己应该承担的责任。

总的来说，信任下属绝不是一句空话，必须付诸行动才能看见效果。很多老板都不相信自己的属下，不要说分权了，就连一点基本的授权，他们也总是犹豫再三，不肯给予下属全权处置之权。这样的结果就是既做不好工作，又赢不得下属的尊重。

在下属心目中，最好的老板是对他们有充分信任感的人；同样地，在老板的心目中，最好的下属也是可以充分信任老板的人。这叫换位思考，如果你能站在这个角度想一想，你就愿意对下属付出自己的信任了。

● **优秀骨干的标准**

分权就需要把权力给那些优秀的人才。让他们来做自己的团队骨干，然后给予他们权力，这是老板们的梦想。但如何判断与选择？这对我们的眼光有相当高的要求。

我的朋友卡尔是洛杉矶一家企业的总裁。他说："早在十几年前，我就开始领导这样一个庞大的组织了，这占去了我许多的时间。我的家庭，我的友情，都因为这种占用付出了太多的代价。我的时间表都排满了，没有时间去外面游览世界，见识各地的风土人情；我即使用尽全力，也不能摆脱这种困境。"

卡尔简直就像活在笼子里的人，被沉重的工作负担锁住了身心，但他又不能从容和放心地将这些压力转移出去。看一看，这像不像你面临的问题？是的，这就是我在与卡尔的沟通中了解到的他目前的状况。既是他的困局，也可能是你正想解决的难题。

你想一个人解决？那么你能够分身吗？
你不想分权？那么你可以一天二十四小时不停地工作吗？

答案当然是不能，那么应该怎么办？药方就是选择骨干，找一群优秀的人才为你工作，让他们接下不同的部分，最后再把工作成果汇集到你的手中。从此你的工作和生活就轻松多了。

选择骨干时应该注意的几个问题——

A. 不要找安于现状的人

我们的团队在选择骨干时的一个重大误区，就是许多管理者总认为能安于现状的人用起来才放心，因为觉得他们不会给自己捅娄子，不会有太多争权夺利的野心。其实不然，安于现状的人最大的危害就是没有上进心，不敢冒险。这就导致他们很难给公司带来成长的动力。一个不能让团队成长的人，你把权力给他有什么用呢？

B. 要选择一些社会经验丰富的人

一个人只有社会经验丰富了，他才能充分地洞察人心，知道什么事应该怎么做，也才能游刃有余地利用各种各样的规则，来帮助公司和团队达成目标。那些稚嫩的家伙是不适合充当团队骨干的，因为他们对于这个世界尚一无所知。

C. 一个人的人品也很重要

人品是一个人工作的保证。人品不行的人，不管干什么都不会成功。而且，人品差的人，他的权力越大，产生的危害可能也就越大。所以，不管他的能力有多强，只要人品不行，就坚决不能让他成为你的团队骨干。对于这样的人，不要给他进入团队的机会，也不要试图管理他，应该对他永远关闭团队的大门。

D. 应该寻找那些人际关系比较广的人

一个好的骨干，他不仅工作能力强，为人处世的能力也应该比较出众，比如他有很多朋友，人脉很广，结交了大量的潜在客户为友。这样的人用起来，会给团队带来许多出人意料的效果。他们的人际关系可以帮助你的公司解决各种各样的难题，也会带来不同类型的商机。

E. 不要找奢图享受的人

在生活和工作中总是奢图享受的人是不行的，他们在所有的行业和所有的团队中都很难成大器，因为他们不肯吃苦，只想躲在空调房享清福，比如有的人每天只有10个客户的拜访任务，都会叫苦不迭，甚至于让他给客户打几个电话他都不乐意，找各种借口磨叽半天才行动，你能把重要的工作交给他做吗？肯定不能。

F. 寻找有责任心的人

我们最需要的是一个有责任心的骨干。只有具备了责任心，他才能从容地带领一支团队，完成你交代的任务。人们也愿意信任有责任心的人，他的同事和下属对他也会非常信任。

最后，我可以提供几条为团队选择优秀骨干的"硬标准"：

第一，这个人必须有强大的企图心。他不满足于现状，很想向人生的高峰攀登，有抱负，同时也有决心。

第二，他必须具有丰富的社会经验和一定的工作经验，不能是刚出炉的小年轻，也不能是对社会各方面的规则一无所知的愤怒青年。换句话说，这个人无论是面对社会还是对待工作，他的心态都必须成熟，需要拥有一定的洞察力和适应能力。

第三，他的人品必须上佳。一个虚伪甚至狡诈的家伙，能力再强也不能重用，亦不可让其成为你团队中的骨干，否则他必会成为一匹喂不饱的狼。

第四，他的人际关系应该是比较广泛的，必要时能派上用场，替你的团队起到意想不到的正面作用，开拓某些便捷的渠道。

第五，他是一个愿意付出而且有爱心的人，能够在团队中无私地帮助同事，尽心尽力，提携后辈。

第六，他能够吃苦，也愿意吃苦。不管多艰巨的任务，他都敢于挑战，勇于承担，不抱怨，也不会计较。这是一种非常珍贵的品质，我们要尽力找到这样的人，任命他为团队的骨干。

第七，他的责任心很强，大事小事都能够承担责任，不做到最好绝不罢休。特别是在出现错误时，他不会逃避自己的责任，而是能面对问题，并且找出解决的办法。

第八，他拥有积极乐观的人生态度，从不消极，对未来有着宏大的积极的设计，总能看到事情最好的一面。在逆境中，他从不悲观；在挫折面前，他从不泄气。对一名团队中坚骨干来说，还有什么比这更重要的品格呢？

建立共同愿景——这是持续成功的保障

● **为人们的共同梦想搭桥**

首先你要知道共同愿景是什么，它与人们的传统观点是否一致，你应该怎样理解并向"你的人"灌输共同愿景并承担自己的角色。

每次谈及这个概念，我都会指出它与"传统企业愿景"的不同：它并非一种抽象的想法或念头，而是指我们团队中的全部成员共同的、发自内心的意愿；它具有强大的凝聚力，可以激发人们为了共同的梦想无私奉献、为了共同的事业和使命尽自己最大的努力。

那么，它的含义又是什么呢？

（1）它必须是全体成员（包括每个人）发自内心的共同意愿；

（2）它可以把全体成员紧密连接在一起，融合每个人的需求，进而产生巨大的凝聚力；

（3）它应落实未来发展的具体目标，虽然不一定是明确的行动方案，但必须是清晰可辨的战略构想，且是通过一定努力就可实现的。

为了激发你的团队成员的共同梦想，并让它迸发出无穷的力量，你应该做些什么呢？

第一,你应该提供"无限的创造力"。

通过一系列制度的保障,让团队成员的创造力得以发挥。要让各个成员在你提供的平台上均能找到自己一生努力的方向——或者未来相当长的时间里的奋斗目标,他们便可产生无限的斗志和创造精神,将自己的才能充分发挥出来。

第二,你应该提供"强大的奋斗动力"。

奋斗动力是什么?就是"我为什么要努力做这件事"的答案。通过设置共同愿景,建立一个可以逐步实现的高远目标,然后让你的团队成员从这个目标中看到光明的前景,自然就能产生强大的驱动力,激发他们的勇气。勇气一旦产生,便可转化为实际的行动。

第三,你应该创造"未来的机会"。

只有"发展机会"才能形成凝聚力。若你能为员工提供未来发展的良机,多数人都不会拒绝你。当然,这个未来的机会一定是充满了挑战和风险的,不是那么轻易就能实现,但也正因如此,成功之后的收获才是巨大的。你要让团队成员明白这一点。

● **如何构筑愿景**

说通俗点儿,愿景就是信仰。对企业而言,构建愿景的本质问题其实就是如何构建具有现代企业性质的企业信仰。这是我们人才管理的最高境界,是由管理一个人向管理一群人的进化,也是管理者必须具备的一项本领。

我们管理公司或管理一个组织当然要追逐盈利,追求财富。但是,我们的团队又不全然是一台赚钱机器,它们还具有超越金钱的一面。因为团队由人构成,自然就会显示出人的一部分特性。因此,在创设愿景时,就需要考虑到这一点。

愿景与人性结合，就体现出了三个方面的特征：

1. **精神性**

人是具有精神性的，比如并不是每个人都总想着追求财富，还有很多人是在追求一种成就感，或者说干好一件工作后的满足感。愿景就要提供这种精神层面的需求，而不是单单用金钱的多寡去衡量他们的劳动成果。像博爱、慈善都可以作为一种愿景。

2. **制度性**

所谓制度性也就是规则性。人的社会是需要遵循一定规则的，而且每个人都得遵守规则。那么在团队中，愿景也就必须以制度的形式落实巩固下来。对现代企业而言，愿景的制度性尤为重要。体现在管理上，就是必须有严格和有序的管理制度，不能出现扯皮、内讧等各种问题。也就是说，为了保证共同愿景的顺利实现，我们的企业制度就必须完善、明确与清晰，要让人人依靠制度，遵守制度，更要崇尚制度。用制度去管人，杜绝人治，才能让企业真正地强大起来。

3. **利益性**

光有利益不行，但是没有利益也不行。愿景的利益性，就是激励的方式。我们要用利益去激励员工奋斗，也要用利益去监督员工的工作，同时还要用利益去管理他们的劳动成果。因为人人为利，这是人的本性之一。你不发工资、不给分红，员工会给你卖命吗？肯定不会。利益少了他们也不愿意干，这就是现实。

因此，把握愿景的这三个特性，关乎到我们创设共同愿景的成败。

<u>关键：是要用很多人的"个人愿景"构筑出"共同愿景"。</u>

我在上海遇到过一位年轻的老板。他野心勃勃，实力雄厚，而且颇有能力，但他的公司却发展得很不好。原因何在呢？原来他在管理工作中，自以为"我所想"就必须是"团队之梦"，总是将个人追求凌驾于团队梦想之上，于是便

出现了一连串的水土不调和磨合方面的障碍。例如，他认为自己的企业就应该拥有一种狼的野性，像狼一样对财富、对成功、对开拓进取有一种永不满足的精神。他也推崇个人英雄主义，特别喜欢提拔那些勇于挑战规则的手下。

单就这一想法而言，我觉得没什么错误。但问题在于他的团队构成中，多数人都是从名校毕业或从海外归来的学院派，这样的员工适合的是较为中规中矩的现代型的守成企业的管理制度，而不是创业型公司的激情梦想。因此，如果想发挥这些人的战斗力，就必须围绕这样的团队特点来构筑相应的共同愿景，考虑他们对于工作和生活的实际需求——也许他们并不想成为狼，不想驰骋在草原上。

这是架设团队愿景的过程中我们会遇到的第一个问题，因此你必须将自己的梦想与团队特点合理地结合起来。所以，你要优先考虑员工的个人愿景，并通过正确的方法把他们整合起来，再在这个基础上融入个人的理想追求。当然，你也可以把自己的追求作为团队愿景的中心，然后不断地换人来适应自己，但这意味着你会付出巨大的代价，你很难迅速地成功，你的团队也很难快速地成型并且成长起来。

你的任务：就是促使快速形成一整体，并把握方向。

作为管理者，你应该清楚自己的使命，就是选取一个制高点——把握共同愿景的方向："未来要往何处去？实现什么样的目标？"只有明确前进的方向，便可清楚地看到共同愿景的形态，就能够使员工清楚团队的未来，然后指引他们向着愿景努力。

有的老板选择了错误的位置。他们站在了比较低的位置上，反而需要自己的手下给他指路。当然，在某些时刻，我们确实需要卓越的干部站出来，成为团队的愿景构建者。但请相信，这并非常态，在更多的时候，这么做必将出事。

使命感：让每个人都重任在身。

在建设共同愿景时，我们需要强调的是共同的使命感："这是我们大家的目标，而不是某个人的；不是老板的，不是干部的，也不是某个部门的，而是属于大家的!"这样可以从心底激活员工的使命感,让他们发现并承担自己的责任。

<u>最好的途径是什么?</u>

第一步:找到并且强化共同语言。共同愿景的交流方式就是共同语言,我们必须让员工听得懂并能使用大家都能接受的语言进行交流,才能传播和加深对于愿景的理解。它是员工的特定语言,可在一定范围内反映出团队成员的共同特点,因为它包含着每个人的个人意愿。

第二步:对于愿景,团队成员的学习必不可少。学习是为了加强团队成员对于共同愿景的理解,一方面,要让员工明白团队的共同使命;另一方面,是要让每个人知道具体的工作目标,掌握必要的技能,并切切实实落实在行动上。

第三步:团队对话和沟通。在频繁的沟通中,用对话来慢慢化解彼此的分歧,杜绝只为小团体利益的狭隘观念,坚持共同愿景。在电话时彼此要敞开心扉,挖掘每个人的闪光点,为建立共同愿景奠定坚实的基础。对话必须超越个人的见解,以达成共识为目的,而不是赢得辩论。要让每个人将自己深藏的想法表达出来,并且最终达成一个共同的信念。

第四步:寻找共同利益。这是最后一步,一旦共同利益形成,团队就拥有了凝聚力,也就明确了一个共同的方向。在一个共同愿景下形成的利益共同体,就具有了愿景型团队的初级特征。

● **共同利益是最大的凝聚力**

正如上面所言,实现了共同利益,其实就等于有了最强大的凝聚力,拥有了一个成熟团队的基础。这不是谁为谁服务的问题,而是彼此服务并在这个过程实现各自的利益,最后实现团队的共同利益。

<u>共同利益有哪些特点?</u>

(1)私人性

利益的第一本质就是它所具有的"私人性"的东西。在法律意义上,这个私人性包括很多种,比如个体、企业、某个组织或集团等——这些不同的组成

都有自己"私人性"的利益。虽然共同利益存在基本的"全体成员"共同的属性，但它也只是私人利益的放大，仍然是私人利益的范畴，而且这个性质是永远不会改变的。

所以，你必须意识到即便是你看到的全公司的共同利益，它也是与你的每一名员工息息相关的，包含着或大或小的"私人性"。如果你忽视了这一点，而盲目地强调共同利益的至高无上，就很容易牺牲员工的个人利益，这样做的结果便是伤害你的公司，损害共同利益，使公司失去效率和活力。

(2) 可分割性

共同利益在整体上表现为团队的财产，但就个体而言，它又能量化到每一个成员。比方说，我们公司今年的目标是盈利两个亿——这是共同利益，这是团队成员的共同目标。但每一名成员又能根据工作分工的不同，在公司实现这个目标后，分别得到数额不等的奖励——这就是可分割的利益。

那么，明白了这种可分割性，你在工作中贡献得越多，得到的利益自然也就会越多。这就使共同利益以某种激励机制的形式转化成了个人的成长与收益，使团队具有了利益上的吸引力，能吸引优秀的人才加入进来。

但是，在维护共同利益和分配个人利益时，我们要遵循四条基本原则。

第一，大家对于共同利益的认同要高度一致。

我们必须把团队的共同利益与每一名成员讨论清楚，并达成共识，从而让团队成员认同共同利益，即每个人都认同公司的年度目标，而不出现较大的分歧。有了高度的认同，就可以自动地转化为维护共同利益的自觉行动。这时，团队成员的付出就会取得较大的收获，而不会各怀心事。

第二，大家以贡献的多少来分配利益，分配机制要彰显公平。

分配机制必须是公平的，这一点不能含糊。团队以员工贡献的多少进行分配和奖励，而要避免存在特权雇员。在此过程中，不能有过多的斗争、攀比和摩擦，也不能猜忌进而导致内讧。人们都能接受同事比自己拥有更高的收入——但这种差别要合理，不能太大。

对老板而言，绝对不能制定畸形的报酬制度，因为这是葬送团队凝聚力的毒药，你要避免，尽量避免或是及时修正。

第三，大家一致认为损害共同利益的行为应该且必须受到惩罚，奖惩制度是公正的。

为确保共同利益的实现，首先必须杜绝成员拉帮结派，更不可明分亲疏。同时，老板要制定基本的奖罚制度，去惩治那些损害共同利益的人，而且要做到纪律面前人人平等，比如坚决杜绝占用工作时间大搞个人业务的事情出现。

第四，大家共同制定并认可壮大整体利益的激励制度，而且对于一个共同的发展目标要获得团队成员的广泛认可。

有没有普遍被接受的激励制度，是区分高效团队和低效团队的重要标准之一。我们要持续维护共同的发展目标，就要坚持并制定一个能够壮大共同利益的激励制度，即应该做到让能者多得。在实际的管理工作中要特别注意个体目标的实现，也就是说要让那些付出较多的、有才华的员工实现他们的梦想——物质和精神上的目标都能得以实现，促使他们自我设计，并将自己的未来与团队的前景牢牢绑在一起。

尊重并激活他们的激情，是我们需要努力做好的事情。

● 卓越管理者必须具备的10项品质

1. 足够的决策能力

管理者需要拥有的第一个品质，就是决策能力。对于团队的发展战略，要有精确的把控和掌控力，要努力让自己成为一艘大船的老练舵手，更要让自己成为一个团队的主心骨。而且，管理者作出的决策要有前瞻性。在对团队的各项工作进行决策时，需要做到果断、科学与超前，正确率必须达到 90% 以上。一个人如果不能具备决策素质，哪怕他的管理能力再强，也不适合担当管理职务。

2. 过强的领导能力

领导能力包括管理能力在内,但又不单指是管理能力,比如你要对公司、部门和团队的各项工作负责,制定并且不断完善相应的制度,理顺工作流程,而且要把各种规章制度都落实到位,结合成熟的制度去实施有效的管理。在此基础上,你的管理能力才可发挥积极的作用,才能有效地领导下属,对于各项复杂的工作才可以做到有效的控制,并在员工心目中树立一个令众人满意的领导者形象。

3. 引领潮流的创新能力

管理者是团队的带头人,决定着团队的发展。那么,他就需要有打破陈规旧俗和带领众人进行创新的能力与勇气。只有创新,才能引领潮流;只有创新,才能摆脱危机。对于那些已经明显不适应团队发展的种种旧习,要敢于创新;对于不具备强大市场生存能力的产品,也要能够忍痛割舍,进行突破性的设计,要像苹果公司的乔布斯那样;对于其他企业的先进经验,要持有开放的心态,学习、吸收和借鉴,然后使自己的企业不断地成长和强大。

4. 制订计划的能力

不光得力骨干需要具备制订计划的能力,管理者自身也需要具有制订计划的本领——而且他们所制订的计划又常常是高屋建瓴的宏大计划。因此管理者必须能够根据团队的整体规划,亲自制订详细的年度、季度、月度和周计划。这种能力未必有施展的空间,但你却要作好准备。对创业阶段的团队领导者而言,这更是一种基本素养,是决定一个小团队能否顺利度过瓶颈期的关键品质。因为在这个时候,员工基本上都靠管理者的能力来带动,对管理者有很强的依赖。

5. 强有力的协调能力

协调能力其实管理的一部分。管理者必须能够出色地做好不同部门、不同利益群体之间的上下沟通与横向的协调,让大家团结一致,凝聚在一面旗帜之下，为了一个共同的目标相互配合。当然，最基础的协调能力是针对本团队内部的，比如作为一个部门的领导者，你首先要在部门内部建立顺畅的沟通机制，保证工作的顺利进行，再由点及面，在更广泛的层面去进行协调，展示你的管理素养。

6. 督导和引导能力

这项品质需要管理者具有较强的专业能力——至少得等你胜任工作后，才可以培训自己的下属，引导他们做好工作，并督导他们高质量地完成分内的任务，来提升团队的专业能力。你要能够在团队内部给予下属全方位的专业训练，使他们的专业能力获得提升，而不是总依靠外来的技术力量进行指导——这会极大地影响你在团体内部的权威。

7. 对事态的控制能力

管理者的另一项本领是：当事态的发展超出预料时，你可以全面而有效地控制，不使问题脱轨，造成难以挽回的损失，比如重大的管理失误和员工的违法行为，都是管理者要尽可能避免的。这需要你对风险有敏锐的预知，对危机有未雨绸缪的防范意识，对事态的发展有强大的掌控能力，从而使团队的一切事务井然有序地进行。

8. 精确到位的分析能力

管理者不能当"糊涂蛋"，对任何事情都要有良好的判断和分析能力，对于各种问题都要有敏感的发现和解决能力，比如你必须根据团队的实际情况，比较准确地分析经营现状，然后找出团队在发展中的突出问题，而不是被手下的几份报告忽悠。你要在精确分析的基础上，结合实际，制定具体措施，作出奖惩，使团队中的每一个人都能自觉约束自己，高效地完成自己的工作。

9. 总结和归纳能力

管理者必须能够完成团队的各项总结，归纳出公司的各种收益与问题，包

括年度总结、季度总结、月度总结甚至是每周的总结等，交流经验，普及方法，找出问题，总结教训，并且提出改善的办法，拿出具体的措施。在这个过程中，对管理者而言，重要的是提出解决方案，让自己的助手去监督执行。

10. 通俗易懂的语言表达能力

好的管理者必须拥有较强的语言表达能力，而且要通俗易懂让手下能听懂自己的核心意思。后者尤为重要，它能够帮助你在会议或谈话中一次性地阐述清楚自己发言的内容、整体的思路，简单明了地布置工作，发动团队成员。另外，一定的文字表达能力也是不可或缺的。你不能只靠秘书或助理来帮你起草文件，对于重要的材料你必须亲自起草，而且要做到层次分明、详略得当和重点突出。

给你一个团队你能怎么管

团队法则

据统计，全球职场中人每天思考最多的问题是——

MBA商学院非常受欢迎的团队管理课程

手把手教你打造企业中的尖刀团队！

一看就懂，一学就会，目标、执行、创新、激励一个都不少！

赵伟◎著

百万册纪念增订版

台海出版社

团队生存法则

1. 一只鬣狗对于猎豹构不成任何威胁，但它们却能运用团队的力量，轻易地从猎豹的嘴中夺取食物，有时还能干掉猎豹。从这点可以看出，没有人能够脱离团队的力量而独自生存，哪怕你再强。因此，猎豹是勇士，但很悲剧；鬣狗能力平庸，却生存力极强。

2. 第一批被从团队淘汰的人，要么具有非常明显的缺陷，要么一开始就因说谎而被众人厌恶。对于前者，明显的缺陷使他无法适应竞争，淘汰这样的人无论对他还是整个团队都是明智和必须的；对于后者，一个根本性的原则是：说谎者必须离开。

3. 第二批被从团队淘汰的人，他们的交流及沟通能力一定存在巨大问题。别人不知道你的想法，就对协作没有信心。反之，就算你的做事能力很差，但你非常愿意和其他的团队成员进行充分的沟通，你就有可能在与大家的沟通中"碰撞"出"灵感的火花"，从而为整个团队找到"好的办法"，这样，你就证明了自己是有用的人，虽然做具体的事不太行，但至少初期你能赢得一席之地。

4. 懒惰的强者将不被团队接纳，即便你能力超群，但却不肯为团队工作，终日懒散而妄图坐享其成，这样你将成为团队的"鸡贼"分子，在这里长期生存将只能是幻想的泡影。

5. 你必须谦虚而尊重同事，否则将被淘汰。如果你认为自己有过出色的成绩，于是藐视同僚，把整个团队的竞赛看成是你自己的表演舞台，以为自己是一位无所不能的个人英雄，那就错了。很显然，在团队的成长初期你可能拥有巨大的价值，但当整个团队开始进一步发展的时候，这种人便会成为整个团队的桎梏，必须被清除。

6. 喜欢在团队中尔虞我诈的人，他并没有认清自己跟其他人身在同一条船上的事实。阴谋的爱好者，最后会死于阴谋。

7. 最理想的生存方式是"适度参与"，同时懂得时时保护自己。

8. 站队的问题：在激烈的团队竞争中，个人的生存只有两条道路：支持和反对，如果你想走第三条路，一定会失败。

9. 什么样的人将在团队中有较好的前景呢？经验最丰富者；最年轻和富有潜力者；最机智而年富力强者。这是自然的选择，同时也符合团队本身的需要。

10. 做一个诚实的人，这一点永远不要改变。

11. 利用一切办法，让别人了解你，并且理解你。

12. 尽自己的力量为团队做事，尤其是在你比较擅长的方面，哪怕有时会做错，但要尽力，并让其他的团队成员知道。

13. 在团队中，"蚂蚁"错一百次仍然可能被原谅，但"大象"错一次就可能出局。

14. 注意，办公室恋情很危险。在团队中，公私不分已经是大忌，如果你再爱上你的同事，那就真的要"万劫不复"了，如果你不幸在最不适合的时候曝光的话。

15. 有的时候，上司的信心来自于你自信的表现，不管是在开会的时候还是在向上司阐述自己观点的时候，只有对自己的观点表现出充分的自信，才能让老板相信并支持你的观点。

16. 蛋糕永远是有限的。当机会出现时，先下手为强，后下手遭殃。

17. 追求公平，不如崇尚公正。

18. 当你意识到危险的逼近时，事实往往是，你已经失去了反击和自救的机会。

19. 先向团队中的强者靠拢，再让自己变成强者。

20. 在团队中生存，没有任何人手握豁免权，包括老板，犯错误一定会付出代价。所不同的是，员工犯错，失去的是一份工作，老板犯了错，会失去整个团队。

21. 联合多数对付少数。这意味着，你虽然可以有敌人威胁你的生存，但你至少要保证自己的盟友多过敌人。唯一的例外是，你的敌人恰好是你的老板或上司。

22. 每天都提前上班很难做到，但你至少始终准时上班，这意味着你对这份工作很认真。

23. 任何公司都只会留住即便无法获得晋升也不嫌工作多的人，并设法解雇那些怨声载道只知道诉苦的人。

24. 请别忘记，上司的时间比你的宝贵，当他给你一项工作任务时，这项工作比你手头上的工作更加重要。如果你想获得认可，就一定要记住，处理临时性的工作是你表现的最好机会。

25. 不要以为所有事情都如你想象般顺利，不论何时，不管什么事，你都应作好最坏的打算。

团队晋升法则

1. 永远要尽到自己的责任，就像狼一样，必须为了自己的生存、团队的发展和企业的未来尽到自己的努力，然后再去考虑晋升的问题。

2. 在一个高度竞争的团队中，你必须有敏锐的洞察力，并时刻警惕危险的出现，对于哪怕是潜在的危机，也必须有充分的估计并立即制订有效的对策，否则，你面临的并非是是否要晋升了，而是什么时候被淘汰。

3. 在任何需要做选择的时候，如果你的动作慢了，或者犹豫了，你将面临危险，虽然也许你不会被马上淘汰，但这种危险将使你陷入被动，最终导致无法逆转的恶果。所以，在团队竞争中，你需要做到充分的估计和快速的应对。

4. 年轻是最大的优势，虽然你冲劲十足，经验欠缺，缺乏阅历，但你有更多的机会成功，因为年轻是最富有竞争力的因素，所以有人说：年轻没有失败。

5. 很多竞争，只有冠军而没有亚军，冠军是唯一的"幸存者"，而亚军甚至和早就被淘汰的人没有区别。最终的唯一的"幸存者"会是什么样的人呢？这很好判定，他应该具有三个特点：年富力强、善于机谋以及在一次最关键的竞争中得到的极好的"运气"。

6. 取得成绩后，你可以适当地表现，让你的直接上司看到，但不要过分张扬，更不可藐视他人。

7. 永远提防晋升竞争中的阴谋，哪怕你从不屑于这些伎俩。你必须对阴谋保持高度的警惕，对潜在的危机有充分的估计，并且尽快制订出对策，因为阴谋不会因为你的善良，就不会找上你。

8. 你成就了团队，团队也会成就你。

9. 把同事当队友，而非你的对手。

10. 器量狭小和排挤同事的人，一定也会遭到其他人的排挤。如果你把同事当做阻挡前途的障碍，那么你一定难以在办公室里立足。所以，对于在办公室里跟自己有竞争关系的人，不妨试着去赞美他，或请他帮一个小忙，往往可以神奇地化解彼此间的敌意。

11. 很多人天真地相信，只要自己专业过人，工作脚踏实地，又不惹是生非，总有一天老板会注意到自己这块璞玉，但结果往往事与愿违，因为专业不是升迁的唯一指标，躲在电脑后面，不与同事交流的人，很难有机会成为团队的领导者和管理者。

12. 你不要以为团队政治是高层才有的勾心斗角，跟一名普通员工没关系，可事实上，斗争无处不在，它不分管理层还是普通员工的阶层，你需要随时小心背后袭来的暗箭。

13. 组织既然是人的组合，每个人都有自己的优先顺序和利害关系，如果你学不会如何协调人与人之间的关系，也就别痴心妄想在团队中平步青云。

14. 如果你自认为是一匹难得的千里马，千万别再痴等什么伯乐的出现，天真地以为只要埋头苦干真能一举成名。要知道，伯乐活得也不容易，他或许也在等人去发掘。所以，你必须适度地为自己制造出风头的机会，这将有助于增加你晋升的机率。有一句话送给你：靠天靠地靠父母，不如靠自己。

15. 学会包装自己。商品的销售多少都要靠包装的，何况是竞争激烈的职场？当你做出某些成绩或经过努力而提前完成任务时，别忘了做一做个人公关。

16. 会议是一个不可多得的个人舞台，你要适时掌握难得的发言机会，展现出个人的优秀能力，发出声音，才能引起团队管理者的注意。

17. 时刻为上司着想，因为高处不胜寒，身居高位的老板也会感到孤独，也会有不为人知的辛酸，如果能站在他的角度设身处地着想，说不定就会找到与之沟通的合适的切入点。

18. 即使没有报酬，你也应该去争取的分外工作，那就是当你想要争取某个职位，却没有相关背景或任何优势的时候。

19. 对你的老板一定说实话。公司有问题，你就一定要告诉你的老板，向他坦白你的想法，当然还不仅仅是工作方面的沟通，如何保持和老板逐步深入的沟通，也是让老板认识你和信任你的好方法。

20. 你要想老板之所想，忧上司之所忧。而且很多时候，你要想在他的前面，并让他知道。这并不是投机取巧，而是你对于工作的投入和负责任的表现。让他对你感动，你就成功了一多半。

21. 减少一个敌人的价值，胜过增加一个朋友。

22. 避免拖泥带水。想快点受到上司的重视，秘诀只有一个字：快。在上司的期待时间之前做完工作，并且保质保量。如果你总能做到这样，就离升职不远了。

23. 做决定时犹豫不决和工作中依赖别人的人，难以晋升。

24. 从不看报纸和关注时事的人，不会成为团队的管理者。

25. 永远不要埋怨。从你的字典中，删除"这不是我的工作范围"这句话，当你被要求完成一些额外任务时，你需要做的不是排斥和反感，也绝不可愤怒与不解，而是将这视作上司对你是否愿意多负责任的试探。

团队管理法则

1. 团队的利益至高无上，老板也要服从。

2. 当我们要达到一个长远的目标的时候，最需要的不是猎豹一样的英雄，需要的是鬣狗一样的团结的整体，用领导者的魅力整合一个团队，然后激发他们的工作激情，这才是一个合格的团队领导者必须具备的素质。

3. 要有明确的分工，这样团队中的成员才能知道自己应该做什么，需要达到什么目标。

4. 利益共享：在捕获猎物之后，你要让每一头狼都能够分享到胜利的果实，公正的分配方式，是最有力的管理武器。

5. 在一个团队中，不做事但却整天在上司或老板面前显现自己的人，地位通常比较稳固。一旦当整个团队出现问题时，这种人反而不会被淘汰。但是，如果你对这样的人忽视不管，那就是这个团队走向分裂和失败的开始。因为他的存在，往往会将团队中真正做事的人淘汰。

6. 团队管理者想要成功，没有一个核心班底的帮助，将很难成事。你的核心班底对你的贡献越大，你在团队中的分量也就越重。

7. 不管你有多么成功，切记，将功劳与荣耀归于团队的伙伴。

8. 世界上只有两种组织是最强大的，第一种是军队，第二是宗教。想让你的员工具备强大的执行力，你就把你的团队打造成军队或者宗教式的组织。你需要让团队具备两点：一，严厉的规章制度；二，对命令的坚决服从。然后，你的团队将方向一致，行动一致。

9. 打造全透明的下属，将让你感到安全。你要看到下属的优点，更要认清他的缺点和欲望，才能更好地使用他。

10. 很多团队管理者，都希望部下既具有狼的执着坚定，又像羊儿一样温顺。但是，这个愿望基本实现不了了。

11. 知人善用，将让你获得意外的收获。

12. 对管理者来说，失信是最不可原谅的。最重要的是守承诺，讲信用，答应员工的事情，你就一定要做到。

13. 能激发出员工潜力的上司，才是成功的领导者。反之，压制员工的潜力，就意味着团队的成长是你一个人的事，而你将活活累死。

14. 不要采取鸵鸟政策，期望问题自动消失。也不要询问员工"我应该如何解决"，而是问"你有什么好建议供我参考"。

15. 没有人喜欢一脸官司的人，这样的上司也只会令团队的士气低落。要让别人觉得你很重要，你就应该展示自信而且乐观的一面，即使在情绪低落的时候，你也绝不可表现得无精打采。

16. 管理者必须具备很高的交际能力，他可以与任何人、就任何话题沟通，并总能说服对方，或者大度地被说服。

17. 当你必须批评一名下属的时候，一定要有人情味。如果可能的话，在中间夹杂一些正面的鼓励，而且多一些有建设性的意见，而不是残忍地否定和一味地打击。

18. 过于严肃和持久紧张的氛围，容易让员工厌烦和迷失。

19. 对属下透露自己的隐私很危险，你必须设想到，他可能因此去做任何事，包括宣扬给地球上的任何一个人知道。

20. 管理者对于下属的期望值，随着下属的表现提高而水涨船高。如果下属的表现一直很优秀，一直在提高，那么管理者的期望值也就无限地提高。直到有一天，你的下属已经使出浑身解数了，但是，你的期望值还会随着惯性在不停地提高。这时，对于你和他来说，都将迎来一个致命的时刻。

21. 隐藏自己的真正实力，保持神秘感，但要让员工佩服和尊敬你。

22. 时刻记住，员工之间的关系，有时不需要你插手，除非危及到了团队利益。

23. 为你的团队寻找和灌输共同的利益，然后围绕着它制定公正的制度，并和部下一起去无条件地遵守。

24. 最怕厚此薄彼。管理者最害怕的事情，不是业绩出现了下降，而是一些成员认为，你对另一些成员无正当理由地偏爱。这将导致两种结果：你被团队抛弃，或者团队产生分裂。

25. 奖励必须是每一个人都有能力争取到的，如果总有一些人根本没办法达到，或者说你刻意让一些人无法达到标准，那么奖励就失去了它应有的价值，成为这个团队不公正的"罪证"之一。

团队突破法则

1. 团队的突破会面临成员之间的很多差异、分歧和碰撞,尤其当他们面对一个共同的竞争目标时,这种碰撞将尤为激烈,而且表现方式是多种多样的,甚至是不择手段的,一种暗地里的、被称作"阴谋"的东西通常就在这个时候应运而生了。所以,此时管理者最先考虑的,其实不是制订多么宏伟的目标,而是建立相配套的内部协调机制,增强凝聚力。

2. 当你开始实施你的宏伟计划时,别忘了祈求造物主在关键时刻给你好运。因为战场上,决定一名正高速冲锋的士兵生死的,不仅仅是敌人的枪法,还有他自己的运气好坏。

3. 如果要问团队在面临突破时最要紧的能力是什么?答案是:高效的集体的学习能力。

4. 如果要问团队在面临突破时最要紧的制胜能力是什么?答案是:超强的整体创新能力。一个优秀的团队之所以能够不断冲浪、不断引领潮流,靠的正是超强的创新能力。而这种创新能力不是依赖于少数人,而是由整个团队共同构成的完整体系。所以,团队中的每一个成员,都必须具备与其角色定位相适应的创新能力。

5. 管理者的示范作用:在追捕猎物时,头狼往往冲在最前面,所以狼群就具备了勇往直前的精神。

6. 危机文化:清醒地意识到自己的团队即将迎来冬天,应该多去思考失败后应该怎么办,而不是成功了会怎么样。对任何团队来说,有一个事实是不会改变的,那就是,失败一定会到来。

7. 确立目标：立志建设一支最优秀的团队或公司，哪怕你现在什么都没有。当目标订下以后，你要始终如一，绝不放弃，并将这样的信念传递给每一名团队成员。

8. 敏锐的发现力：你需要具备一双聪明而敏感的眼睛，随时可以及时地发现问题，并立刻给予解决，绝不拖延到下一秒。

9. 不打无准备之仗，不管做什么，判断和控制风险，都是第一考虑的事情。

10. 在最佳的时机出击，不要太早，也不要太晚。凡是成功的企业，都有一支擅长在最正确的时间做最正确的事的管理团队。

11. 最值得称道的是协同作战，你需要建立"人人为我，我为人人"的团队精神。相互配合，彼此支持，包括老板，他也只是团队中的某一个环节，而不是奴隶主。只有这样的团队，才能突破瓶颈，不停地跨向新的高度。

12. 为寻求突破的团队设定两种目标，一种是关于团队的，一种要关于他们每个人。即，你要为公司的前景负责，同时还要为员工的个人发展提供蓝图。

13. 建立强烈的归属感。这将让你在公司或部门遇到困难时，能够确保不会失去他们，至少不会失去全部的精英。

14. 知识共享。团队成员只有掌握了必需的知识和团队内外的信息后，才能充分地挖掘自己的潜力，发挥自己的聪明才智，使团队的整体水平得以提升。

15. 帕卡德定律：公司增长的速度，不可能持续超过该公司人才增长的速度。事实在证明这一点，尤其中国，快速成长的企业很多，但持续增长的却少之又少，大都昙花一现。

16. 真正的具有高成长潜力的团队，一定是共担责任, 共享权力和成果。如果总是少数人获益，这样的团队就只能是乌合之众，突破与提升都将只能是水花泡影，南柯一梦。

17. 区别对待。保留最好的，剔除最弱的，始终提高用人标准。这样的团队，就是真正的时刻在进步的高效组织。

18. 设定一种好的持久的制度，开发每一名成员的潜能，包括你自己的。换句话说，一个好的有前景的团队，它即便不能实现既定的目标，完成计划的扩张，也一定能让团队中的每个人都充满自信，在这里找到"实现自我"的成就感。

19. 放权给重要的人：让他不但可以执行你的工作命令，还要有工作的热忱，并从团队的成长中获益。

20. 对于一支团队的成长来说，带头人的素质及意志力非常重要。特别是对于一家初创期的公司而言，当前面一摸黑时，几乎所有的成员都是迷茫的，他们在集体寻找船长。这时的团队，对于领袖的个人能力要求极高，他需要学会驾驶一艘黑暗中行驶的大船，力挽狂澜，而且毫无怨言，绝不退却。

21. 请记住这一点：单靠个人无法成就伟业。或许你很优秀，但当你掌管一支团队时，你最需要做的，不是展示自己的优秀，而是努力联合更多的优秀的头脑，让他们发挥集体作用。

22. 如果你认为自己就是全局，那你永远也看不到大局。一支团队如果想发挥出最佳水平，每个人都必须将团队目标置于个人目标之上，对于老板来说也是如此，没有谁比其他人更重要。

23. 激发成员不要安于现状，要向外扩展。这样不但能让他们实现自我，而且可以让团队实现突破。

24. 当你现在的团队与你梦想的团队有所区别时，你只有两种选择：要么改造你的团队，要么放弃你的梦想。

25. 任何时候，"千万千万不要放弃"，最伟大的胜利总是发生在最后一局。因为不管对于个人还是团队来说，唯一的限制都是自己强加上去的。请记住，你自己或团队的潜力，永远都在你的自我评估之上。

给你一个团队
你能怎么管

MBA商学院极受欢迎的团队管理课程，手把手教你打造企业中的尖刀团队！16万已购买读者参与评论，99.6%的五星好评

作者用他参与海外上市公司与国内民营企业管理的亲身经历，分享团队的建设与管理经验。他通过简洁有趣的描述，翔实动人的案例，为我们揭示管理的真相，告诉你应该如何建设和管理一个团队，内容富有系统性与针对性，简单易懂，容易上手，尖锐深刻。

团队管理，这是一个简单直接但又让许多人充满困惑的命题。说它简单，是因为团队无非只有三个条件：自主性、思考性和协作性。只要使你手底下的这帮人充分具备了这三大要素，一个合格的团队就建立了，它随着你的指挥棒冲锋陷阵，无所不至。但让很多管理者困惑的是，在实际的执行中，人们会遇到诸多现实而无奈的困境，会发现情况并非如此，原来还有这么多潜在的未知的问题。人性的种种缺陷，往往让团队的组建和管理面临无穷大的风险，不管你脚下是一家无足轻重的小公司，还是世界500强企业，他们的中高层领导者及员工本身都有这种苦恼。即，你明明身在团队，却感受不到一支成熟强大的团队的支撑，经常孤军奋战，陷入苦斗，多倍付出，却只能得到可怜微少之回报。

本书的主要目的，就是解决这种普遍存在于各种组织中的"团队之惑"。书中的内容简洁易懂，有着非常清楚的定位，适合中国的中高层管理者学习参考，同时又具有很强的总结性，告诉你如何管理一个团队，如何突破自我，给初创业者和有志于从事管理行业的人，提供了丰富的经验。

作者微信二维码

作者微博二维码

领阅读书会